한일관계의 흐름 2015-2016

국립중앙도서관 출판시도서목록(CIP)

한일관계의 흐름: 2015-2016
Essays on Korea-Japan relation: 2015-2016
지은이: 최영호
--서울 : 논형, 2017
p. ;   cm. -- (논형일본학: 44)

ISBN 978-89-6357-428-8 94340 : ₩18000

한일 관계[韓日關係]

349.11013-KDC6
327.519052-DDC23   CIP2017021698

한일관계의 흐름 2015-2016

일본의 역사와 문화에 관한 재조명

논형

한일관계의 흐름 2015-2016

일본의 역사와 문화에 관한 재조명

초판 1쇄 인쇄 2017년 8월 25일
초판 1쇄 발행 2017년 8월 30일

지은이 최영호
펴낸곳 논형
펴낸이 소재두
등록번호 제2003-000019호
등록일자 2003년 3월 5일
주소 서울시 영등포구 양산로 19길 15 원일빌딩 204호
전화 02-887-3561
팩스 02-887-6690
ISBN 978-89-6357-428-8 94340
값 18,000원

* 이 책은 2017년 영산대학교 교내연구비 지원에 의해 출판되었음.

책을 펴내며

이 책은 2015년 1월부터 2016년 12월까지 2년 동안에 걸쳐 필자가 목격하거나 관여한 한일관계 사건을 정리하는 가운데, 일본의 「역사와 문화」를 재고하는 형태로 편집한 것이다. 지난 2004년부터 대체로 2년간의 각종 사건들을 병렬적으로 나열하며 한일관계의 흐름을 정리해 왔는데, 이번에는 하나의 방향을 설정하고 이에 맞추어 평론집을 정리해 보면 어떨까 하는 생각을 했다. 지난 2년간 「일본군위안부」 문제에 관한 한일양국의 입장 차이 등 양국 사회에서 전개되는 치열한 공방을 직접 혹은 간접적으로 경험하면서 이르게 된 생각이다. 이제까지 「역사와 문화」라고 하면, 박물관에 전시될 만한 과거의 역사적 유물이나 문화적 산물을 통해서 한일양국의 차이점과 공통점, 그리고 상호교류의 흔적을 더듬어 왔다. 그러나 이 책에서는 과거사에 대한 오늘날의 서로 다른 인식을 문화라고 하는 코드로 읽어 내고자 한다. 「역사와 문화」가 과거의 산물이기는 하지만 오늘날 이를 어떻게 이해하고 있는가, 그것이 곧 「역사와 문화」라고 생각한다.

본문 내용을 집필하는 데에는 가능한 인터넷신문이나 인터넷자료를 많이 참고하고자 한다. 주로 2015년부터 2016년에 걸쳐 인터넷 카페에 올려놓았던 사건을 중심으로 하고 이 사건이 최근에까지 어떻게 변화해 오고 있는지 확인하고자 한다. 인터넷 기사를 참고하다보니 대부분의 신문이 조간과 석간이 발간되고 있음에도 불구하고 이에 관한 구분을 하지 않고 있다. 필자는 개인적으로 2015년과 2016년 어느 해보다도 다망한 나날을 보내는 가운데 여러 기관에서 요청받은 한일관계나 재일한인에 관한 발표를 소화해야 했다. 따라서 이 책에 이 시기에 최근 발표한 자료와 필자의 연구논문을 재구성하거나 요약하여 싣고 있다. 아울러 본문에서 인용된 참고문헌과는 별도로 하여 각 장에 대한 보다 깊은 이해를 갖고자 하는 독자를 위하여 각 장의 말미에 한국과 일본에서 출간된 대표적인 논저를 총 20개 정도씩 소개하고자 한다.

이 책을 정리하면서 필자는 역사와 문화를 과거의 현상이 아닌 현재의 것으로 이해하고 싶었다. 최근에 일어나고 있는 과거사에 대한 근본적인 입장 차이를 문화라고 하는 코드로 정리해 낼 수 있지 않을까 하는 것이었다. 따라서 본서에서 다루는 문제는 2015년과 2016년에 언론에 나타난 주요 사건들을 대상으로 하며, 「역사와 문화」라고 할 때에도 한국과 일본 사이에 벌어진 과거 전쟁과 식민지 지배를 둘러싼 갈등과 교류의 현상을 대상으로 한다. 과거사 책임을 애매하게 하려는 일본문화의 특성과, 일본의 속성을 이해하기보다는 한인의 피해에만 집중하여 일본에 대한 비판의 끈을 놓으려고 하지 않는 한국문화의 특성을 함께 이해하며, 결과적으로 최근에 전개되고 있는 양국관계의 사례들을 소개하고자 한다.

「역사와 문화」에 관한 관점

「역사와 문화」란 무엇인가에 관하여 학자에 따라 여러 가지 관점이 있겠지만, 현대 한일관계의 역사를 추적해 온 필자의 견해로서는 과거에 발생한 사건이나 사물을 오늘날 시점에서 어떻게 이해하는가, 라는 의미를 가지고 있다고 생각한다.[1] 또한 인간관에 관한 기본적인 관점에서, 필자는 인간이란 「당위」와 「사실」 사이를 끊임없이 왕래하는 존재라고 생각한다.[2] 쉽게 말하면 인간은 능동적인 존재이기도 하지만 수동적인 존재이기도 하며 어느 한쪽만을 주장하다보면 논리적 모순에 빠지기 쉽다. 아울러 그 주장은 자신과 타인을 모두 포함한 보편성을 가질 때 설득력이 있는 것이지 상대방에 대해서만 주장한다든지 자신에 대해서만 주장해서는 「편협」한 자가당착의 오류에 빠지고 만다. 자신이 상대방에 대해 주장할 수 있는 존재이기도 하지만 자신도 상대방에 의해 주장을 받을 수 있는 존재이기 때문이다. "역사란 역사가와 그의 사실들의 끊임없는 상호작용 과정, 즉 현재와 과거 사이의 끊임없는 대화"라고 말한 E. H. 카의 정의를 새롭게 음미할 필요가 있다. 외교관과 언론인으로서의 풍부한 경험을 가진 그는 이탤리 철학자 크로체(B. Croce)의 말을 인용하는 가운데, "역사란 본질적으로 현재의 눈을 통해서 그리고 현재의 문제들에 비추어 과거를 바라보는 것이며, 역사가의 주요한 임무는 기록하는 것이 아니라 평가하는 것"이라고 주장하기까지 했다.[3]

E. H. 카는 1953년 6월 한 논설에서 역사철학을 「객관적 결정론」 장벽과 「주관적 상대주의」 심연 사이에서 외줄타기를 하는 학문이라

---

1) 이병철, 『역사의 시작은 현재다』 고양시: 개마고원, 2017년, p. 79.

2) 한국정신문화연구원 철학종교연구실, 『철학적 인간관』, 경기도: 한국정신문화연구원, 1985년, pp. 3-5.

3) E. H. Carr, 김택현 번역, 『역사란 무엇인가』(개혁판), 서울: 까치글방, 2015년, p. 34.

고 정의하고, "결점 많은 인간이 시간과 장소라는 상황에 너무나 깊이 얽혀 있어서 절대적인 진실에 다가갈 수 없다고 주장하는 것이 진실의 존재를 결단코 부정하는 것이 아니라"고 했다. 진실을 부정하는 것은 판단을 위해 적용 가능한 그 어떤 기준도 파괴시키며 역사에 대한 그 어떤 입장도 사실 아니면 거짓으로 만들어버린다. 객관적인 진실이 존재한다고 주장할 수는 있다. 그 어떤 역사가나 역사학자파도 독자적으로는 객관적인 사실에 「어렴풋하게」 다가가는 것 이상을 바랄 수 없다.[4]

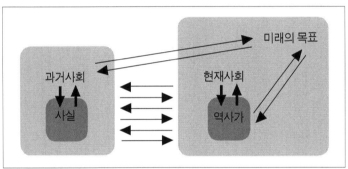

역사인식 개념 (이병철, 2017년, p. 79에서 인용)

여기에다가 오늘날 국제관계의 객관적인 사실로서, 긍정적이든 부정적이든 한국과 일본은 국제사회의 일원으로서 「역사와 문화」를 공유해 오고 있다는 점을 지적하고 싶다. 근대와 현대 시기에 있어서 국가 형태와 통치 방법을 둘러싸고 각종 기록이 전수되고 있는 가운데 한국과 일본이 서로 다른 시각에서 지난날을 재해석하고 앞으로의 미래를 설정하면서 서로 다른 견해가 양국의 외교적인 갈등과 대

4) 조너선 해슬럼, 『E. H. 카 평전』, 서울: 삼천리, 2012년, pp. 366-368.

화를 이어오고 있는 것이 아닌가 생각한다. 그리고 동아시아 지역에 속한 한일 양국은 공통적인 국가 과제를 안고 있을 뿐 아니라 양국 사이의 지역을 넘나드는 교류와 상생의 현실이 재생산되고 있다는 사실도 결코 잊어서는 안 된다.

이렇게 볼 때 이 책에서 논하고자 하는 「역사와 문화」는 자연스럽게 주체적인 인식, 관계적인 인식, 비교적인 인식의 대상이 될 수밖에 없다. 한국과 일본이 각자 나름대로 「역사와 문화」를 생성해 오고 있는 것으로 볼 수도 있지만, 적어도 이 책에서는 상호 영향 하에서 「역사와 문화」가 만들어져 오고 있다고 하는 측면을 강조하지 않을 수 없다. 국민국가로서 상반된 입장을 견지하면서도 부단한 민간 교류의 현실을 강조하고 싶은 것이다. 특히 한국의 현대사는 일본의 「역사와 문화」를 주체적으로 재해석하고 현실에 적용해 온 과정이라고 말할 수 있다. 사유의 실체는 복합적인 성격으로 이루어져 있지만 이를 관찰하는 자는 자신의 시각과 관점을 통해 대상을 바라볼 수밖에 없다. 다만 시각이 지나치게 협소하거나 편견에 가득 차 있을 때에는 이것을 주체적인 시각이라고 말하기는 곤란하다.

따라서 주체적인 인식을 갖기 위해서는 어떤 현상에 대한 관계적인 인식과 비교적인 인식이 동반되어야 한다. 일본의 「역사와 문화」를 이해하고자 할 때 절대적으로 필요한 인식 방법이라고 말할 수 있다. 한국과 일본 간의 고대사를 이해하는 데에 있어서도 관계적인 인식과 비교적인 인식이 필요할진데 하물며 근현대사를 이해하고자 하는 자가 고립적인 사고의 틀에서 벗어나 넓은 시각을 가지고 현상을 바라보아야 한다. 경우에 따라서는 관계적인 인식과 비교적인 인식이 단기적으로 자존심을 그르치기 쉽고 단도직입적인 명쾌한 설명을 어렵게 할 수도 있다 그러나 이러한 복합적인 사고야말로 장기적으로 이성적인 판단과 합리적인 결정을 내리게 하는 데 도움이 될 것임에 틀림없다. 독자들이 앞으로의 한일관계에 대한 전망이나 주체적인 판단을 해 나가는 데 이 책이 다소 도움이 되기를 바라는 마음이다.

2015년과 2016년의 한일관계

지난 2년간의 한일관계를 한마디로 표현하면「질곡의 과정」이었다고 할 수 있다. 경제적 상호의존 관계가 한중관계에 비해 상대적으로 약화되어 가는 상황에서 한일 양국 정부는 외교관계 회복에 대한 절실한 필요성을 찾지 못했다. 미국의 화해 촉구에 따라 2015년 연말에 어렵사리「일본군위안부」문제의 외교적 타결에 이르렀지만, 피해 당사자나 시민단체와의 충분한 대화가 없는 가운데 맺어진 것이라는 이유로 한국사회의 여론은 돈으로 과거사 인식을 바꾸려고 한다는 부정적인 평가 일변도의 반응을 보였다. 이에 대해 일본의 정책 당국과 사회적 여론은 외교적 합의를 이행하려고 하지 않는 한국에 대해 불신감을 보였고 이러한 상황에서 종래에 한일관계의 합리성에 대해 긍정적인 태도를 보이던 일본사회의 자유주의적 논조가 급격하게 부정적인 인식으로 바뀌어 왔다.

2016년에 들어 일본은 외교적 합의를 앞서 이행하고자 하는 차원에서 합의금을 한국에 전달했고, 한국은 화해·치유재단을 여성가족부 산하 재단법인으로 설립하여 피해자 당사자와 유족에게 합의금을 전달하기에 이르렀다. 관련 재단은 한일 간의 외교적 합의를 중시하고 정당한 절차에 따라 합의금을 전달하고자 노력하고 있지만 한국의 언론과 일반여론은 이에 대해 싸늘한 반응을 보이고 있다. 게다가

위안부 소녀상의 철거를 둘러싸고 외교적인 합의가 이루어졌다는 것
이 밝혀지면서 이 합의는 양국 관계의 회복을 이끄는 모멘텀으로 작
동하지 않았다. 게다가 박근혜 정권이 2016년 10월부터 「국정농단」
파동에 휩싸이게 되면서 어느 누구도 그 해 안에 한일 간 외교관계의
회복을 기대할 수 없게 되었다.

2015년과 2016년의 한일 인식조사

이 시기에 한일 국민 상호인식을 조사한 여론조사 사례로 한국 동
아시아연구원(EAI, 원장, 이숙종)이 2016년 6월과 7월 중에 실시한
여론조사를 들 수 있다.[5] 이때 동아시아연구원은 일본의 겐론(言論)
과 함께 한일 양국의 18세 이상 남녀를 대상으로 하여 「한일국민 상
호인식 조사」를 실시하고 그 조사결과를 2016년 7월에 발표했다. 이
연구원은 2013년부터 매년 조사를 실시하고 있으며 한일 양국 국민
의 상대국에 대한 이해와 인식의 변화를 지속적으로 파악하여, 양국
국민 간에 존재하는 다양한 인식의 차이를 해소하고 상호이해를 촉
진하는 것을 목적으로 하고 있다고 밝히고 있다.

	한국 (EAI)	일본 (겐론)
조사방법	대면 면접	방문 회수
조사기간	2016.6.16.~7.5	2016.6.18.~7.3
조사표본	1,010명	1,000명

이 조사 결과에 따르면. 2016년 한일양국 국민이 상대방에 대해

---

5) http://www.eai.or.kr

부정적인 인식을 하고 있었는지 잘 알 수 있다. 상대 국가의 사회와 정치의 본연의 자세에 대해 한국인의 56.9%가 일본을 「군국주의」라고 보고 있고, 「패권주의」는 34.3%, 「민주주의」는 22.2 %로 나타났다. 한편 일본인의 55.7%가 한국을 「민족주의」라고 보고 있고, 「국가주의」는 38.6%, 「민주주의」는 14.0%였다. 또한 상대국에 대한 인상에 대해 「좋지 않다」고 응답한 결과가 한국인은 72.5%, 일본인은 52.4%였다. 반면에 상대국에 대한 인상을 「좋다」고 응답한 결과는 한국인이 15.7%, 일본인은 23.8%에 불과했다. 다만 한국인의 87.4%, 일본인의 65.3%가 상대국을 중요한 파트너로 인식하고 있다고 응답했다. 그리고 양국 정상회담의 필요성에 대해서는 한국인의 86.8%, 일본인의 81.5%가 「필요하다」라고 응답했다. 이것은 2016년 당시 한일 양국의 언론이 상대국에 대해 얼마나 부정적인 정보를 발신하고 있었는지를 잘 말해주고 있다.

또한 일본 내각부가 1979년부터 주변국에 대한 외교관계를 평가해 오고 있는 조사결과를 통해서, 한일관계와 한국에 대한 일본국민의 친근감에서 어떤 변화를 보이고 있는지 살펴보자. 이 조사결과는 「한일관계의 흐름」 시리즈가 언제나 채택하고 있는 것으로 일본국민의 한국에 대한 이미지 변화를 잘 나타내고 있다. 지난 2014년과 비교하여 2016년에 어떠한 변화를 보이고 있는지 살펴보고자 한다. 과거와 2016년 조사결과는 일본 내각부 대신관방 정부홍보실의 홈페이지에 실려 있다.[6] 2016년 10월 27일부터 11월 6일까지 18세 이상 일본인 3,000명을 대상으로 조사원에 의한 대면 면접을 실시한 것이다.

---

6) http://survey.gov-online.go.jp/index-gai.html

한국에 대한 이미지만을 살펴보면, 한국에 대한 친근감에서 「친근감을 느낀다」가 9.1%, 「대체로 친근감을 느낀다」가 29.0%였다. 이 둘을 전반적 친근감 인식으로 본다면 38.1%로, 2년 전에 최악의 상황이었던 31.5%에 비해서는 다소 호전된 것을 알 수 있다. 그러나 2010년을 전후하여 전반적 친근감 인식이 60%를 상회했던 것을 감안한다면 2016년 일본국민의 한국에 대한 이미지는 대단히 어두운 것으로 나타났다고 말 할 수 있다. 2016년 한국에 대한 일본국민의 부정적인 이미지에 관한 조사결과로 「대체로 친근감을 느끼지 않는다」가 30.5%, 「친근감을 느끼지 않는다」가 28.5%를 보였다.

또한 한일 간 외교관계에 대한 일본국민의 평가를 살펴보면, 현재의 한일관계에 대한 평가에서 「양호하다고 생각한다」가 2.1%, 「대체로 양호하다고 생각한다」가 27.1%로 나타났다. 이 둘을 전반적인 긍정적 평가로 본다면, 29.2%가 한일관계를 양호한 것으로 평가했으며, 이것은 한일관계가 최악으로 나타났던 2014년 12.2%에 비해 다소 호전된 것으로 볼 수 있다. 그러나 2014년에는 이명박 정부의 대일외교 악화를 박근혜 정부가 되어서도 전혀 회복하지 못하고 오히려 외교적 교섭을 소홀히 했던 시기였다. 여기에다가 아베 신조(安倍晉三) 정부가 과거 일제의 침략전쟁과 식민지 지배에 관한 역사 왜곡을 시도한 시기였다. 따라서 2016년에 들어 2년 전에 비해서는 일본국민들이 한일관계를 다소 호전된 것으로 평가했지만, 한일관계에 대한 평가 역시 대단히 낮았다고 말 할 수 있다. 2016년 한일관계에 대한 일본국민의 부정적인 평가 결과로서는, 「대체로 양호하지 않다고 생각한다」가 43.0%, 「양호하지 않다고 평가한다」가 22.4%로 나타났다.

차례

Ⅲ. 일본의 정치문화

Ⅰ. 일본의 전후처리 역사

_1_
도쿄전범재판

2016년 8월 15일, 일본의 종전(終戰) 71주년을 맞아, 아베 신조 내각의 관료 가운데 총무상과 올림픽 담당관, 관방부장관이 A급 전범이 합사된 야스쿠니 신사를 참배했다. 여기에다가 「다함께 야스쿠니신사를 참배하는 국회의원 모임」 소속 여야 의원 수십 명도 야스쿠니 신사를 참배했다. 아베 총리는 직접 참배하지는 않았지만 자민당 총재 자격으로 대리인을 통해 4년째 신사측에 공물료를 납부했다.[1] 2016년 도쿄전범재판 개정 70년을 맞았지만 일본에서 전쟁범죄를 반성하고, 피해자들의 고통을 돌아보는 움직임은 찾아보기 어렵다. 오히려 자민당 의원들은 도쿄 전범재판이 불공평하게 진행됐다며 재판결과를 재검증하겠다는 물밑 움직임을 보이고 있다. 2017년 4월 신사의 봄 제사에서도 아베 총리가 자신의 이름을 기재한 천을 장식했고, 이에 대해 한국의 외교부가 "일본정부와 의회의 책임 있는 정치지도자들이 과거 일본의 식민 침략과 침략전쟁을 미화하고 전쟁범죄자를 합사한 야스쿠니에 또 다시 공물을 봉납하고 참배를 강행한 것에 대해 깊은 우려와 유감을 표한다"고 하는 보도관 논평을 발표했다.[2]

야스쿠니신사가 동아시아 관계에서 문제를 야기하고 있는 것은 도쿄전범재판에서 「A급 전범」으로 판결받은 사망자의 명패가 이곳에 들

---

1) KBS NEWS, 2016년 8월 15일.

2) 연합뉴스, 2017년 4월 21일.

어있다는 것이며 이곳에 현직 일본 총리와 각료들이 참배하거나 공물을 바치고 있기 때문이다. 도쿄전범재판은 점령당국에 의한 2차 세계대전 전쟁책임에 대한 재판이었으며, 일본정부에 대한 공식적 전후처리의 시작을 의미하는 것이었다. 1945년 9월 일본의 항복문서에 서명한 9개국(미국, 영국, 프랑스, 소련, 중국, 캐나다, 오스트레일리아, 네덜란드, 뉴질랜드)이 도쿄전범재판(International Military Tribunal for the Far East)을 시작했다. 이들 국가의 정부가 추천한 9명의 후보자를 판사로 하고 오스트레일리아의 대법원 판사인 윌리엄 웹(William Flood Webb)을 재판장으로 하여 1946년 5월 도쿄재판이 시작되었다. 나중에 필리핀과 인도에서 각각 1명씩 판사가 추가되었다. 이때 전쟁범죄자로 기소된 일본인은 다음과 같이 총 28명이다.[3]

아라키 사다오(荒木貞夫) / 이타가키 세이시로(板垣征四郎) / 우메즈 요시지로(梅津美治郎) / 오카와 슈메이(大川周明) / 오시마 히로시(大島浩) / 오카 다카즈미(岡敬純) / 가야 오키노리(賀屋興宣) / 기도 고이치(木戸幸一) / 기무라 헤이타로(木村兵太郎) / 고이소 구니아키(小磯國昭) / 사토 겐료(佐藤賢了) / 시게미쓰 마모루(重光葵) / 시마다 시게타로(嶋田繁太郎) / 시라토리 도시오(白鳥敏夫) / 스즈키 데이이치(鈴木貞一) / 도고 시게노리(東郷茂德) / 도죠 히데키(東條英機) / 도이하라 겐지(土肥原賢二) / 나가노 오사미(永野修身) / 하시모토 긴고로(橋本欣五郎) / 하타 슌로쿠(畑俊六) / 히라누마 기이치로(平沼騏一郎) / 히로타 고키(廣田弘毅) / 호시노 나오키(星野直樹) / 마쓰이 이와네(松井石根) / 마쓰오카 요스케(松岡洋右) / 미나미 지로(南次郎) / 무토

---

3) 신희석, 「도쿄국제군사재판소, 무엇을 단죄하였는가」, 박홍규·조진구, 『한국과 일본, 역사 화해는 가능한가』, 고양시: 연암서가, 2017년, pp. 167-169.

아키라(武藤章)

<도쿄전범재판의 재판부와 검사단> [4]

	재판부		검사단	
	이름	국적	이름	국적
1	Sir William F. Webb	호주(재판장)	Joseph Keenan	미국(수석)
2	Edward Stuart McDougall	캐나다	Mr. Justice Alan Mansfield	호주
3	Mei Ju-ao	중화민국	Brigadier Henry Nolan	캐나다
4	Henri Bernard	프랑스	Hsiang Chechun	중화민국
5	Radhabinod Pal	영연방인도	Robert L. Oneto	프랑스
6	Professor Bert Röling	네덜란드	P. Govinda Menon	영연방인도
7	Erima Harvey Northcroft	뉴질랜드	W.G. Frederick Borgerhoff-Mulder	네덜란드
8	Colonel Delfin Jaranilla	필리핀	Brigadier Ronald Henry Quilliam	뉴질랜드
9	The Honourable Lord Patrick	영국	Pedro Lopez	필리핀
10	John P. Higgins	미국(1)	Arthur Strettell Comyns Carr	영국
11	Major General Myron C. Cramer [5]	미국(2)	Minister and Judge Sergei Alexandrovich Golunsky	소련
12	Major General Myron C. Cramer	소련	–	–

도쿄재판은 검찰측 입증으로부터 시작하여 변호인측 반증, 개인 변론, 검찰측 반증, 변호인측 재반증, 검찰측 최종 논고, 변호인측 최종

---

4) https://en.wikipedia.org/wiki/International_Military_Tribunal_for_the_Far_East#Judges

5) 1946년 6월에 John P. Higgins로 대체됨.

변론 등의 재판과정을 거쳐 1948년 4월 심리를 마쳤다. 일본인 전범 혐의자들을 변호한 기요세 이치로(清瀨一郎) 변호사는 다음과 같이 도쿄재판의 문제점을 지적했으며 이는 오늘날 도쿄재판의 검증을 요구하는 사람들의 주요 논리가 되고 있다. 즉, ① 이 재판소에는「평화에 대한 죄」와「인도에 대한 죄」를 재판할 권한이 없다. ② 침략전쟁은 그 자체가 불법행위가 되는 것은 아니며 1928년「부전(不戰)조약」도 국가정책으로서의 전쟁을 부인하고 있지만 전쟁 자체를 범죄로 보는 것은 아니다. ③ 전쟁은 국가의 행위이며 국가의 일원으로서 행동한 사람에게는 국제법상 개인적 책임이 없다. ④ 이 재판소 조례는「사후법」으로서「사후법」에 의한 재판은 불법이다. ⑤ 포츠담 선언이 발표된 1945년 7월 당시에는 국제법상 확립되어 있던 전쟁범죄는「통례의 전쟁범죄」밖에 없었기 때문에, 전쟁의 법규와 관례를 범한 죄만이 재판의 대상이 될 수 있다는 주장이다.

아무튼 최종적으로 옥중 사망한 2명과 정신병자 1명을 제외하고 1948년 11월 피고 25명에 대해 다음과 같은 형량이 선고되었다. ① 사형 (교수형) 7명: 東條英機, 板垣征四郎, 木村兵太郎, 土肥原賢二, 松井石根, 武藤章, 廣田弘毅, ② 종신금고형 16명: 荒木貞夫, 梅津美治郎, 大島浩, 岡敬純, 賀屋興宣, 木戶幸一, 小磯國昭, 佐藤賢了, 嶋田繁太郎, 白鳥敏夫, 鈴木貞一, 橋本欣五郎, 畑俊六, 平沼騏一郎, 星野直樹, 南次郎, ③ 금고 20년형 1명: 東鄉茂德, ④ 금고 7년형 1명: 重光葵.

그런데 2012년 12월 아베신조 정권이 들어서면서 일본의 정치권이 급격히 보수 우경화 되어가는 과정에서 조직적으로 도쿄재판을 검증하겠다고 나선 일이 있다. 이러한 움직임은 일본 내외로부터 불어오

도쿄재판

는 강렬한 반대바람에 부딪혀 수면 아래로 들어갔지만 과거사를 재해석하려는 일본 정치권의 움직임은 일본사회의 우경화 경향에 따라서는 언제든지 고개를 들고 나올 수 있을 것으로 예측할 수 있다. 도쿄재판에 대해 이의를 제기하는 저서가 오늘날 대거 일본에서 쏟아져 나오고 있고 이를 대변하는 우파 논객들이 일본사회에서 활발하게 활동하고 있는 현상은 이를 증명하고 있다. 여기서는 일본 자민당이 보인 도쿄재판에 대한 조직적 재해석 움직임을 소개하고자 한다. 지난 2015년 11월 12일 일본의 마이니치 신문(每日新聞)은 인터넷 발신 기사를 통해 일본 자민당이 청일전쟁 이후의 역사와 도쿄재판, 연합국군사령부(GHQ)에 의한 점령정책 등을 검증하기 위하여 아베 총리 직속으로 전담 조직을 구성할 방침이라고 전하면서 이를 강렬하게 비판한 바 있다. 자민당이 결성 60주년 맞이하는 그 해 11월 중에 관련 학습회(勉強会)을 발족시키고 이 조직의 대표로 다니가키 사다카즈(谷垣禎一) 간사장을 추대하겠다는 방침을 발표하면서 일어난 해프닝이다.

자민당은 1955년 11월 당시 보수적 성격을 내비치던 자유당과 일본민주당이 합병하여 결성한 정당이다. 처음에는 사회당 통합에 자극되어 성급하게 결성되다보니 당 총재 아래의 지도체제를 두지 않았고 그 대신 하토야마 이치로(鳩山一郎), 오가타 다케토라(緒方竹虎), 미키 부키치(三木武吉), 오노 반보쿠(大野伴睦)를 「총재 대행위원」으로 하는 4인 지배체제로 시작했다. 이듬해 4월 당내 총재 선거를 실시하여 하토야마를 초대 총재로 선출한 이래 1인 지배에의 정당의 제도화를 강화해 왔다. 2015년 자민당 정권이 아베노믹스와 정치적 프로파간다를 내세워 높은 지지율을 유지하고 있는 가운데 조직적으로 과도하게 일본의 전후 정치사에 관한 재검증을 시도하겠다는 방침을 밝힌 것이다.

검증팀 준비위원회 조직에서는 당시 이나다 도모미(稲田朋美) 정조회장이 간사를 맡아 회의를 주도한 것으로 보인다. 그녀는 비교적으로 보수우파 성향을 강하게 띠고 있는 인물로 이미 이전부터 검증반의 구성을 주장해 온 것으로 알려지고 있다. 2015년 7월에 기자회견에서도 그녀는 자민당 의원으로서 도쿄재판을 검증할 필요성을 강조한 바 있다. 이어 그녀는 그 해 10월 교토의 마이즈루시(舞鶴市)에서 열린 강연회에서도 도쿄재판이나 GHQ의 점령정책 등을 검증할 기구에 대해 언급한 바 있다. 이 자리에서 그녀는 만주사변 이후 뿐 아니라 더욱 거슬러 올라가서 러일전쟁 이후를 포함하여 검증해야 한다고 말했다. 다만 그녀는 도쿄재판을 부정하는 것은 아니라고 하면서 국제관계 현실에 미칠 악영향에 대해서는 선을 그었다.

이것은 한국이나 중국과 역사인식을 둘러싸고 첨예하게 대립하고 있는 가운데서 나타난 정치적 움직임으로 2015년 통과된 안보법제와 함께 동아시아 3국의 갈등을 심회시키는 또 하나의 불씨가 되었

도쿄재판의 검증을 요구하는 모임

다. 이러한 상황을 예측하고 자민당은 리버럴한 색채를 띠는 다니가키 사다카즈(谷垣禎一)를 검증 조직의 대표로 내세우고자 했으며 이 조직은 보고서와 같은 공식적인 자료를 만들지 않겠다고 했다. 이때 자민당이 실시하려고 하는 검증 포인트는 4가지라고 산케이 신문(産經新聞)이 보도했다. 그것은 ① GHQ점령기간의 정책과 헌법제정 과정에 대한 검증, ② 도쿄재판에서 전범으로 판결 받은 이유와 사실의 입증 방법, ③ 전승국이 「사후법」을 적용했다고 하는 지적에 대한 검증, ④ 도쿄재판에서 「20만 명 이상」으로 인정된 「난징(南京)사건」 희생자 수에 관한 검증 등이다.[6]

---

6) 産經新聞, 2015年 11月 16日.

_2_
원폭피해

2016년 5월 버락 오바마(Barack Obama) 미국 대통령은 일본에서 열리는 G7 정상회의를 마친 후 히로시마(広島) 원폭 피해지를 방문했다. 미국의 현직 대통령으로서 처음으로 히로시마를 방문한 것이다. 백악관은 히로시마 방문이 결코 일본에 대한 사과를 의미하는 것이 아니라고 했고 핵무기 없는 세계를 강조하기 위한 것이라고 했다. 미국에 대한 답례로 일본의 아베 총리는 2016년 12월 하와이의 진주만을 방문했다. 이로써 양국 정상은 과거 전쟁의 역사를 넘어 새로운 시대의 정치적 협력을 상징하는 정치적 퍼포먼스를 남겼다. 전후 일본의 현직 총리가 하와이 진주만을 공식 방문한 것은 1951년 요시다 시게루(吉田茂)에 이어, 1956년 하토야마 이치로(鳩山一郎), 1957년 기시 노부스케(岸信介)와 같이 모두 1950년대에 이루어졌는데, 최근 다시 정치적 필요에 따라서 미일 간 역사 화해의 움직임이 재현된 것이다.

일본정부는 이제까지 미국 대통령에 대해 직접적 간접적으로 자국 피폭지를 방문할 것을 요청해 왔다. 결과적으로 오바마의 히로시마 방문은 그동안 추진되어 온 미일 동맹을 대내외적으로 확고하게 증명하는 역사적 사건이 되었다. 주지하는 바와 같이 1945년 8월에 히로시마에 우라늄 핵무기가 투하되었고 이어 나가사키에는 플루토늄 핵무기가 투하되었다. 원자폭탄을 사용한 것은 일본이 촉발한 태평양전쟁에서 미군의 피해를 최대한 줄이고 전쟁을 조기에 종결시키려

미국 대통령의 히로시마 방문

는 목적에 따른 것이었다. 그러나 전후 세계적 패권을 지향하는 미국
이 원자폭탄을 실전에 사용함으로써 군사력을 세계에 과시하려고 했
다는 설이나, 미군이 방사능 효력을 인체에 직접 실험하기 위해서였
다는 설도 함께 존재하고 있다.

원자폭탄의 투하로 폭격을 당한 지역 반경 1.2km 범위에서는 투하
당일 50% 정도가 사망했고 1945년 12월 말까지 총 14만 명 정도가 사
망한 것으로 추정되고 있다. 또한 나가사키에서는 총 7만 명 정도가 원
폭 투하 직후에 사망한 것으로 추정되고 있다. 원폭 투하에 따라 피폭
지역에 거주하던 한인, 중국인, 동남아시아 유학생, 연합국군 포로 등
도 함께 피해를 입었다. 일본정부는 원폭증이라고 해서 실질적으로 증
상이 있는 자만을 대상으로 하여 위로금을 지급하고 치료를 해 오다
가, 1994년 「피폭자 수첩의 교부 요건 및 피폭자에 대한 원호에 관한
법률」에 따라 피폭 피해자를 직접 피폭자, 간접 피폭자, 피폭자 구호와
시체 처리를 행하다가 영향을 받은 자, 이러한 피해자들의 태아 등 4가

일본 총리의 진주만 방문

지로 나누고 이들에게까지 범위를 확대하여 원호를 실시해 오고 있다.

한국에 거주하는 한인 피해자에 관한 언론 동향을 살펴보자. 2017년 6월 대한적십자사는 서울에서 일본의 전문 의료진들과 함께 서울, 경기, 인천, 강원에 거주하는 한인 원폭피해자 310명을 대상으로 건강 상담을 실시했다는 기사가 발표되었다. 한일 양국정부로부터 원폭피해자 복지사업을 위임받은 대한적십자사가 오늘날 2,380여 명에 달하는 한국인 원폭피해자들에게 진료비, 원호수당 지급 등 각종 지원업무를 진행하고 있다는 소식이었다.[7] 그동안 상당수 국내 거주한인 피폭자들은 30만 엔까지의 지원을 받으면서 치료를 받아왔다. 그러다보니 지원금 상한액이 부족하여 일부 한인 피폭자들이 여분의 치료비를 스스로 부담해야 했다. 그런데 지난 2015년 9월 일본 최고재판소가 한국에 거주하는 한인 원폭 피해자에게도 치료비를 전액 지급하라고 판결하면서 일본정부로부터 치료비를 전액 지급받을 수 있게 되었다. 이것은 일본 바깥에 거주하는 소위 재외 피폭자에게도 「피폭자에 대한 원호에 관한 법률」(피폭자원호법)에 따라 의료비 전

---

7) 뉴시스, 2017년 6월 12일.

액을 지급하도록 하는 첫 확정 판결이 되었다.[8]

한편 한국의 헌법재판소는 일찍이 2011년 8월 원폭 피해자를 포함하여 한인 피해자의 대일 청구권이 외교적인 한일 청구권 협정으로 소멸되었는지에 관하여 양국의 상이한 해석으로 인한 분쟁을 해결하지 않는 정부의 부작위(不作爲)는 위헌이라고 결정을 내린 바 있다. 이와 관련하여 한국정부는 오늘날에 이르기까지 한인 피폭자에 대한 제대로 된 실태조사를 하지 않고 있어서 공식적인 숫자를 내놓지 못하고 있다. 이에 따라 한국 거주 피폭자 관련 단체는 「한국인 원폭 피해자 특별법」 제정을 촉구하고 나섰고 한국정부에 대해 진상 규명 노력과 일본에 대한 외교적 노력을 요구해 왔다. 마침내 2017년 5월 한국의 국무회의가 「한국인 원자폭탄 피해자 지원을 위한 특별법 시행령 안」을 의결했다고 하는 소식이 전해졌다.[9] 이에 따라 피해자의 연령별 · 성별 · 지역별 분포, 피해자의 소득수준 · 주거실태, 피해자의 건강상태 및 건강관리 등에 관한 사항 등을 조사할 수 있는 근거가 마련됐으며 2018년에는 실태조사 작업에 착수할 것으로 보인다.

---

8) 매일신문, 2015년 9월 8일.

9) 뉴시스, 2017년 5월 2일.

_3_
한일 국교정상화의 역사

일본은 1951년 9월에 샌프란시스코에서 연합국과 강화조약을 체결함으로써 점령체제에서 벗어나 국제적으로 전후 복귀를 인정받게 되었다. 반면에 한국은 이 조약의 체결 과정에서 애초 의도와는 달리 미국과 일본에 의해 배제되었다. 그 결과 한국은 이 조약의 규정에 따라 일본과 개별적으로 국교정상화 그리고 전후처리를 둘러싼 힘겨운 교섭을 추진해야 했다. 한일 양국은 미국의 중재 하에 1951년 예비회담을 시작했으며, 식민지 지배 역사에 관한 인식차이로 인하여 난항을 거듭하다가 14년만에야 결착을 보게 되었다. 신생 한국정부는 수립되고 나서 국력의 쇠약함과 남북 간 이념 대립과 전쟁 등으로 인하여 자유민주주의 체제를 고수하는 가운데 대외정책에서 스스로의 외교력에서 한계를 보였고 경제적인 측면에서 외부 강대국의 경제적 지원에 지나치게 의존하게 되었다. 이러한 구조적 요인과 함께 단기적 성과를 지향하는 정책담당자들의 태도가 신생 한국에게 있어서 자주적인 식민지 청산을 어렵게 했으며, 일본과 국교를 수립하는 과정에서 일본정부에 대해서도 철저한 역사반성과 보상을 관철시키지 못했다.

오늘날 한일 양국에서 우호적인 협력관계가 지속되고 있음에도 불구하고 끊임없이 외교적 불협화음이 발생하고 있는 것은 국교정상화 과정에서 양국 간 역사인식의 차이를 봉합하고 각자가 국가적 의도에 따라 각각 달리 해석 적용하도록 조약과 협정을 맺었기 때문이다. 지난 2005년 1월 한국의 외교통상부는 청구권 협정과 관련한 외교문서 일부만을 공개했으며, 그해 8월에는 기본조약과 4개의 부속협정 전반에 걸친 문서들을 일괄적으로 모두 공개했다. 문서 공개를 계기로 하여 1950년대와 1960년대의 한일관계 그리고 한국정부의 대일외교에 관하여 재평가하는 작업이 활발해졌다. 특히 박정희 정부의 대일외교에 대한 평가가 활발해졌다. 일반적으로 대일수교외교가「굴욕외교」였다는 평가를 많이 받고 있는 가운데, 일부 식민지 역사인식 문제에서 완강하게 버티는 일본을 상대로 한국정부가 독도 문제, 청구권 문제, 문화재반환 문제, 재일한인법적지위 문제 등에서 집요하게 협상에 임했다고 하는 긍정적인 평가가 나오기도 했다.

한일 기본조약은 한국어와 일본어, 그리고 영어로 작성되었으며 만일 해석에 있어서 서로 다른 해석이 나올 때는 영어 해석에 따른다고 하는 형식을 취했다. 이것은 한편으로 영어 문장을 통하여 양국의 공통 해석을 추구하는 형식을 취한 것을 보이기도 하지만, 다른 한편으로는 조문을 둘러싼 양국 간 해석의 차이가 현실적으로 달랐기 때문에 택한 외교적 방편이었다고 할 수 있다. 한일 양국이 조약 체결과정에서 조문에 관하여 해석을 공유했다고 하면 굳이 영어라고 하는 제3의 언어를 개입시키지 않았을 것이다. 또한 이렇게 영어 문장을 매개로 했다고 하더라도 실제로는 역시 애매한 표현이 사용됨으로써 서로 다른 해석을 그대로 유지하게 하는 결과를 가져왔다. 결국 조문의 번역이나 해석을 각각의 정부에 맡김으로써 서로 유리한 해석을 하도록 허용했기 때문에 영어라고 하는 매개체는 외교적 방편에 불과했다고 말할 수 있다.

특히 기본조약 제2조에 관한 해석의 차이는 오늘날 역사인식 문제 혹은 한일 외교적 쟁점과 관련하여 가장 문제가 되고 있다. 제2조의 규정은 다음과 같다. "1910년 8월 22일 및 그 이전에 대한제국과 대일본제국 간에 체결된 모든 조약 및 협정이 이미 무효임을 확인한다." 이 규정은 과거 식민지 지배관계를 어떤 형식과 내용으로 인식하고 해결할 것인가를 결정하는 문제로서 기본조약의 핵심 조문이라고 할 수 있다. 결과적으로 제2조는 원천 무효임을 주장하는 한국측 의견과 독립에 따라 무효가 되었다고 주장하는 일본측 의견의 절충으로 이루어졌다. 또한 회담 당시 기본조약 제3조에 관한 해석의 차이도 장래 일본의 한반도 남북한과의 관계를 어떻게 설정해 갈 것인가를 둘러싸고 양국이 서로 다른 견해를 견지했기 때문에 발생한 문제였다. 제3조의 규정은 다음과 같다. "대한민국 정부가 국제연합 총회의 결의 제195(Ⅲ)호에 명시된 바와 같이 한반도에 있어서의 유일한 합법 정부임을 확인한다." 이 제3조 규정은 유엔 결의안과 상관없이 유일 합법성을 주장하는 한국 측의 의견과 유엔 결의안 틀 안이라고 하는 한계 속에서 합법성이 있다고 주장하는 일본 측의 의견이 절충되어 이루어진 것이다.[10]

과거 식민지 지배에 관한 기본 인식의 차이에 따라 청구권협정 체결 과정에서 식민지 지배에 대한「배상」문제도 애매하게 처리되었다. 양국 정부는 무상 3억 달러, 유상 2억 달러를 주고받으면서 이 자금의 성격에 대해서는 명확한 합의점을 찾지 못하고, 대신「청구권」

---

10) 장박진 연구자는 그의 박사학위 청구논문에서 기본조약 제2조와 제3조가 개별적으로 절충된 것이 아니라 회담 막판 교섭 과정에서 두 조문이 서로 연동되어 흥정 대상으로서 절충되었다는 흥미로운 조사 결과를 발표했다. 장박진.「한일회담에서의 식민지관계 청산연구: 청산소멸의 정치논리를 중심으로」, 한국외국어대학교 박사학위논문, 2007년.

과 「경제협력」이라는 용어를 병기하는 데 그쳤다. 회담 과정에서 한국정부는 배상적 성격을 강조했으며 협정 체결 후 한국 국민들에게 그러한 성격임을 홍보했다. 반면에 일본정부는 어디까지나 「경제협력」 내지는 「독립축하금」 성격으로 지급할 것을 강조했으며 협정 체결 후 그렇게 자국민에게 설명했다. 그러면서도 청구권협정 제2조에는 "양 체약국은 양 체약국 및 그 국민(법인을 포함한)의 재산, 권리 및 이익과 양 체약국 및 그 국민 간에 청구권에 관한 문제가 1951년 9월 8일에 샌프란시스코에서 서명된 일본국과의 평화조약 제4조(a)에 규정된 것을 포함하여 완전히 그리고 최종적으로 해결된 것이 된다는 것을 확인한다"고 규정했다. 국가 간 청구권 자금 주고받기를 통하여 식민지 지배와 전시동원 등으로 인한 피해와 손실에 대한 국가적 배상과 보상이 모두 종결되었다고 선언해 버린 것이다.[11]

그럼, 청구권 협정 문안에 보상 문제가 완전히 그리고 최종적으로 종결되었다고 하는 문구가 들어가 있다고 해서 청구권 협정으로 과거사로 인한 민간 피해자의 보상 문제가 완전히 그리고 최종적으로 종결되었다고 볼 수 있는가. 일본정부는 오늘날에 이르기까지 보상 문제가 협정을 통해 최종적으로 종결되었다는 주장을 굽히지 않고 있다. 반면에 한국의 피해자 단체와 이를 옹호하는 사람들은 다음과 같은 논거로 최종적으로 종결되지 않았다는 점을 주장하고 있다.

첫째, 불법행위로 인한 배상청구는 협상대상이 아니었다는 점이다. 한일회담 당시 한국인의 일본에 대한 권리는 국가적 보상 차원의 「청구권」을 의미한 것이지 일본의 국제법상 불법행위를 원인으로 한

---

11) 최영호, 「한국정부의 대일 민간청구권 보상 과정」, 『한일민족문제연구』 8호, 2005년 6월, pp. 233-234.

민간인 손해배상 청구권을 의미한 것은 아니었고, 손해배상에 대해서는 논의조차 되지 않았다.[12]

둘째, 청구권협정 교섭 당시 교섭대상이 되지 않은 문제가 포함되어 있었다는 점이다. 즉, 「일본군위안부」 문제 등에 관하여 한일회담 당시 거론조차 되지 않았으며, 재일한인, 재한피폭자, 사할린잔류 한인의 청구권 등은 당시 교섭 대상에 포함되어 있지 않았다.[13]

셋째, 국제적 인권 차원에서 볼 때 강행규범(JUS COGENS) 위반이므로 무효라는 점이다. 일본제국이 식민지 한인 민간인에 대하여 국가권력을 동원하여 각종 불법행위를 자행한 것에 대해 그 피해자들이 일본에 불법행위에 의한 손해배상 청구권을 행사하는 것은 유스 코겐스에 해당하며, 만약 국가간 협정으로 이 권리를 박탈하는 것은 유스 코겐스 위반에 해당하므로 청구권 협정은 무효라고 할 수 있다.

넷째, 국가간 협정으로 빼앗을 수 있는 것은 외교보호권이지, 국민 개인의 청구권은 아니라는 점이다. 이는 일본정부가 시베리아 억류 미귀환 일본인 군인 문제와 관련하여 일소공동선언에서 규정한 소련에 대한 청구권 포기가 국가 자신의 청구권 및 국가가 자동적으로 갖고 있는 외교보호권의 포기이고 일본 국민 개인들의 소련 또는 그 국민에 대한 청구권까지 포기한 것은 아니다라고 주장하고 있는 것과 일맥상통하는 것이다.[14]

---

12) 김대상, 「인명피해 배상에 대한 청구권협정의 허구성」, 『한일연구』 5집, 1992년 10월, pp. 82-84.

13) 변재옥, 「한일간 제조약의 역사적 재조명」, 『한일연구』 5집, 1992년 10월, pp. 102-107.

14) 高木健一, 『전후보상의 논리』 서울: 한울, 1995년, pp. 32-36.

한국정부는 청구권협정을 체결한 이후 뒤늦게 1975년 7월부터 2년 간에 걸쳐서 국내에 거주하는 한인 피해자에 대해서 보상을 실시했다. 그런데 이 과정에서 피징용 피해 보상은 오로지 사망자만을 대상으로 했고 그것도 1인당 30만 원씩 8,552명에게 지급하는데 그쳤다. 그리고 인적 피해자로서 사망자만을 고려하고 당사자의 고통이 컸던 부상자를 보상대상에서 제외시켰다. 한국정부가 1962년의 6차 회담에서 일본 측에 대해 사망자 보상금으로 1인당 1,650불을 요구했고, 그때 부상자 보상금으로 1인당 2,000불을 요구했던 것은 그만큼 부상자의 피해가 막중하다고 보았기 때문이다. 그런데 정작 1975년 한국정부의 국내 보상에서 부상자를 제외시킨 것은 지극히 부당한 처사였다고 하지 않을 수 없다.

일본정부로부터 이토록 어렵게 얻어낸 청구권 자금은 애초부터 비역사성과 함께 생산성이라는 이중적인 성격을 지니고 있었다. 역사 반성을 표현하려고 하지 않는 일본정부를 상대로 하여 한국정부는 피해자 개개인의 청구권을 무시하는 가운데 협정을 타결했으며 이렇게 해서 끌어들인 자금을 불씨로 하여 경제개발에 박차를 가할 수 있었기 때문이다. 이미 공개된 한일회담 관련 자료에서도 군사정부가 얼마나 절실하게 신속한 자금 지원을 필요로 했는지, 일본의 경제적 침략 가능성을 들어 청구권협정을 비판하는 여론에 대해 이를 방어하려고 애썼는지 잘 보여주고 있다. 예를 들어 자금 도입방식에서 일본 측이 주는 대로 받을 것이 아니라 한국정부가 주도하여 일본에게 요구하는 방식을 최대한 모색했다는 것을 지적할 수 있다.[15]

---

15) 외무부동북아주과(편), 『제7차 한일회담 (1964.12.3~65.6.22) 청구권 및 경제협력에 관한 협정 내용 설명 및 자료』, 서울: 동북아주과, 1965년, pp. 2-3,

한일 기본조약 조인식 (1965년 6월)

이와 함께 재원을 낭비하지 않고 경제발전에 효과적으로 사용하고
자 했던 군사정부의 의지도 높이 평가되어야 한다.[16] 동남아시아 국
가들이 일본의 배상을 경제개발로 연결하는 데 실패한 것을 거울로
삼아 전문적인 감정을 통해 물품을 구입하고 경비 절감과 감사 그리
고 국회에 대한 보고를 의무화 했다. 또한 경제발전을 위해 자금을
유효적절하게 사용할 것을 국민에게 설명하고 홍보하려는 각 부처의
노력이 곳곳에 나타났다. 그러나 대일수교 직후 청구권자금의 효율
적인 관리와 사용을 위해 아무리 노력했다고 하더라도, 피해자 보상
의 성격인 청구권자금을 명목으로 하여 일본에 청구했으면서 실질적
으로 한국 국내에서도 극소수 피해자 보상에 그쳤던 비인도적인 처
사로 정당화할 수 없다.

---

16) 외무부동북아주과(편),「대일배상금의 효율적인 사용방안에 대한 건의」,『제
6차 한일회담 청구권 관계자료』서울: 동북아주과, 1963년, pp. 144-159,

_4_
일본의 교과서 검정

　일본의 문부과학성은 2017년 3월 24일에 고교 교과서에 관한 검정 결과를 발표했다. 중앙일보의 보도에 따르면 2018년부터 새로 사용될 일본 고교 사회과 교과서 24종 가운데서 19종에 독도가 일본 영토로 명기되었다고 한다. 세계사 교과서 5종을 제외하면 지리 · 일본사 · 정치경제 · 현대사회 교과서에 모두 독도 영유권 관련 내용을 실었다는 것이다. 현재 일본의 초 · 중 교과서에는 모두 독도를 일본 영토로 서술하고 있다. 고교 교과서는 2016년에 검정을 통과한 것을 합치면 총 59종 가운데 46종이 해당되는 것이다. 2017년 검정 결과 2014년 1월 아베 내각이 결정한 교과서 검정기준과 학습지도요령 해설서를 바탕으로 이루어졌다. 이에 따라 독도 영유권 관련 서술이 대폭 늘어났고 2018년부터 거의 모든 일본 고교 교과서에 독도 영유권 내용이 실리게 되었다.[17]

　한국의 외교부 대변인은 검정 결과 발표일에 곧 바로 성명을 발표하고 "일본이 우리 고유 영토인 독도에 대한 부당한 주장을 포함해 왜곡된 역사 인식을 담은 고교 교과서를 또다시 검정 통과시킨 데 대해 강력히 항의하며 즉각 시정을 촉구한다"고 비판했다. 아울러 외교부는 이날 오후 주한 일본대사관 총괄공사를 불러 한국정부의 입장을

---

17) 중앙일보, 2017년 3월 25일.

2017년 검정통과 된 일본 고교교과서(한겨레신문)

전달했다. 또한 교육부도 「독도 교육 강화」 계획을 발표하고 초 · 중
학교 사회, 고등학교 지리 · 역사 교과에 독도에 대한 내용을 확대하
여 교육하기로 했다.

한편 2017년 검정 결과에 따르면, 7종의 교과서가 2015년 12월에
타결된 「위안부 합의」를 처음으로 실었다. 특히 「위안부 합의」를 기
술한 7종 가운데 4종은 이 문제가 최종적이고 불가역적으로 해결됐
다는 점에 중점을 둔 것으로 나타났다. 짓쿄출판(實敎出版)의 일본사
B 교과서는 "합의내용은 최종적 및 불가역적으로 해결됐다"고 기술
했으며, "윤병세 장관이 일본정부가 실시하는 조치에 협력을 표명하
고 재한일본대사관 앞의 소녀상 문제의 적절한 해결에 노력하겠다고
발언했다"고 명시했다. 또한 시미즈서원(淸水書院)에서 발간된 일본
사 B는 "한국이 설립하는 재단에 10억 엔을 거출했다"고 서술했다.
여기에다가 「일본군위안부」 관련 기술이 개선된 것으로는 4가지 교
과서이며, 기술이 반(反) 역사적 방향으로 악화된 교과서는 3종으
로 파악되었다. 관련 기술이 후퇴된 대표적인 출판사 가운데 도쿄
서적(東京書籍)의 일본사 B는 "위안부 문제에 대한 군의 관여가 명확

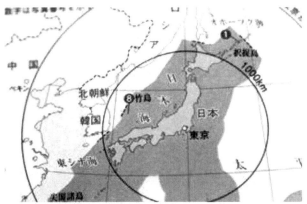
일본 고교 교과서 속의 독도 영유권 표기

하다"고 서술해 왔던 종래의 방향에서 후퇴하여 이번에는 관련 기술을 삭제했다.

　일본의 고교 교과서 전반에 걸친 서술 방향의 후퇴 현상은 어제 오늘 일이 아니다. 매년 3월이 되면 일본정부의 검정 결과에 따른 교과서 내용의 보수화 현상이 언론에 보도되고 있으며 한국 외교부는 일상적인 업무의 하나로 일본 측에 공식 항의하고 국내언론에 보도내용을 흘리고 흐지부지 끝내는 과정을 밟고 있다. 2016년 3월에도 일본정부의 검정 결과가 나왔고 독도 영유권 문제와 「일본군위안부」 문제에 관한 기술 내용을 가지고 한국측이 일본에 항의하는 같은 일이 발생했다. 특히 2016년에는 일부 일본 고교 교과서 서술 내용 가운데 1923년의 간토(關東) 대학살과 1937년의 난징(南京) 대학살과 관련하여 그 희생자 수를 축소하거나 희생자 수에 관한 근거 주장을 애매하게 표현한 것이 밝혀져 언론의 표적이 되었다.

_5_

전후처리에 관한 일본정부의 입장

1990년대에 들어서부터 일본정부를 상대로 전후보상을 요구하는 소송이 제기되기 시작하여 오늘날에도 수십 건이 판결을 기다리고 있다. 소송에서 원고로 나서고 있는 피해자 가운데는 대만, 필리핀, 인도네시아, 네덜란드 등의 국민들도 있지만 한인 피해자들이 압도적으로 많다. 일본정부는 한일 청구권협정의 조항을 들어 전후 보상 문제가 모두 해결된 것으로 주장하고 있다. 일본 사법부의 입장도 한인의 보상청구에 대해서는 기본적으로 일본정부의 손을 들어주고 있다. 하지만 한인에 국한시키지 않을 경우, 시간의 흐름에 따라 사법부의 입장이 약간씩 변화하고 있다는 것을 알 수 있다. 이에 대해서는 다년간 관련 재판에 피해자 변호를 위해 활동해 오고 있는 야마모토 세이타(山本晴太) 변호사가 정리 발표한 글이 주목할 만하다.[18] 그는 전후보상 관련소송 전반에 걸쳐 원고측 주장에는 대체로 「국가 무답책」, 「시효 및 제척 기간」, 「청구권 포기」라고 하는 세 가지 법률적 어려움이 있었다는 점을 지적했다. 그러면서도 그는 2000년에 들어 일본사회의 변화와 함께 이러한 법률적 논점에서 약간의 변화가 발생하고 있다는 것을 지적했다.

---

18) 山本晴太, 「法律的論点からみた戰後責任裁判小史」 『우키시마호 사건 관련 한일 전문가 포럼』(일제강점하강제동원피해진상규명위원회 조사3과, 2008년 5월 16일) 발표문집.

먼저, 「국가 무답책」이라고 하는 것은, 국가배상이 현행 일본국 헌법에 의해 나중에 창설된 제도이기 때문에 과거 제국헌법 하에서 발생한 국가의 불법행위에 대해 배상책임을 지지 않는다고 하는 일본 사법부의 판례 이론이다. 이 이론을 회피하기 위해 당초 원고측은 국내법의 불법행위라는 주장을 피하고 헤이그 조약 등 국제법상 직접 배상을 청구하는 주장을 하거나, 전쟁피해를 방치한 것이 현행 일본 헌법의 전문(前文)과 인권 조항에 비추어 안전배려 의무 등의 계약책임을 위반한 불법행위라고 주장해 왔다. 이에 대해 일본 정부는 개인은 국제법의 주체가 될 수 없다고 주장하는가 하면 국내법적으로는 궁극적으로 「국가 무답책」에 의해 국가가 책임을 지지 않는다고 주장해 왔다.

이어 「시효 및 제척 기간」이라 함은, 불법행위의 경우 시효는 3년, 원용(援用)이 필요 없는 제척기간이 20년, 채무불이행이라고 해도 시효 10년을 말한다. 따라서 전후 46년이 지난 문제에 대해 보상의 의무가 없다는 것이다. 앞에서처럼 원고측이 국제법에 의한 보상청구를 주장한 것은 「국가 무답책」과 함께 「시효 및 제척 기간」 주장을 회피하기 위해서였다. 그런데 일본 정부는 90년대에는 「시효 및 제척 기간」 적용을 하지 않았다. 그것은 「국가 무답책」 주장으로도 충분히 승소할 수 있다는 판단과 함께, 「시효 및 제척 기간」을 적용한다는 것이 일단 성립한 배상청구권이 소멸되었다는 것을 의미한다는 판단에서였다. 그 결과 사법부가 나서서 제척 기간을 적용하고 원고측 청구를 기각시킨 지방법원 판결 1~2건을 제외하고는, 「시효 및 제척 기간」은 소송에 있어서 논의 대상이 되지 않았다.

또한 「청구권 포기」 주장은 샌프란시스코 강화조약이나 일소공동

성명, 한일 청구권 협정 등으로 배상청구권이 포기되었다고 하는 주장이다. 1980년대까지 한국인 피해자 문제가 언론에 떠오르게 되면 일본정부는 반드시 "한일 청구권협정으로 해결되었다"고 하는 해석을 반복해 왔다. 이 때문에 재판에서 한인 피해자들이 패소하는 주된 원인이 청구권 협정에 있는 것으로 보도되는 일이 많았다. 그러나 실제로 1990년대까지 관련 재판에서 일본정부가 협정에 의한 청구권 포기를 주장한 일은 없다. 그것은 시베리아 억류 일본인 군인 문제로 인한 소련과의 관계, 원폭피해자 문제로 인한 미국과의 관계 등에 있어서, 일본정부가 일본국민에 대해 "조약이나 협정을 통해 포기한 것은 외교적 보호권뿐이며 개인의 청구권까지 포기한 것은 아니다"라고 하며 자국민에 대한 보상의무를 부인하는 입장에서 볼 때, 논리적 정합성에 문제가 발생하기 때문이었다.

1990년대 관련 소송에서 피해자가 일본정부에 대해 대부분 전면 패소하는 가운데 일부 재판에서 원고측 청구를 부분적으로 인정하는 판결이 나왔다. 우키시마호(浮島丸) 소송의 일심 판결이 그 대표적인 예가 되고 있다. 「국가 무답책」 논점에 대한 정면적 판단을 회피하면서 원고측의 예비적 주장인 계약책임을 다른 부분에서 인정하는 판결을 내린 것이다. 즉 우키시마호 침몰 사건과 관련하여 「여객운송 계약과 유사한 계약」이 성립했다고 함으로써, 안전배려 의무 위반 내용이 원고측에게 입증 책임이 있다고 하는 계약책임론의 난점을 해소하고자 한 것이다.

2000년대에 들면서 일본사회가 전반적으로 급격하게 보수화 하는 가운데, 전쟁 피해자들이 재판에서 종래와는 달리 정면으로 「국가 무답책」 주장에 대한 반론과 추궁으로 임하기 시작했다. 여기에다가 중국인 피해자들이 대거 일본 국내에 입국하여 소송을 제기하면서 일본 정부의 불법행위를 정면으로 주장하는 움직임을 보였다. 여기에 일본 사법부 하급심에서 「국가 무답책」 주장에 대한 재고(再考)와 원고 승소 판결이 나오게 되자, 일본정부는 2001년경부터 「시효 및 제척 기간」 주장을 내세우게 됐다. 나아가 재판부가 「국가 무답책」을 부정하는 판결을 내놓기 시작하자 이제 일본정부는 한인 피해자 관련 소송에서 「청구권 포기」를 주장하게 됐다. 때마침 한인 피해자가 미국의 법정에 제기한 소송에서 일본정부와 미국정부는 공통적으로 이 문제가 한일 청구권 협정을 통해 해결되었다고 하는 견해에서 일치를 보였다. 이때부터 한인 피해자의 청구 소송에 대해 일본정부는 청구권 협정에 의해 「재산, 권리 및 이익」뿐 아니라 「청구권」 자체에 대해서도 청구할 수 없게 되었다고 주장하기 시작했다.

그런데 일본정부의 「청구권 포기」 주장에는 외국에 대한 자국민의 청구에 관한 설명과 일본정부에 대한 외국 국민의 청구에 관한 설명이 다르다고 하는 모순이 존재한다. 결국 이러한 이율배반적 해석과 적용은 일본정부가 전후처리 문제에 지극히 반동적 입장을 유지하고 있다는 것을 잘 보여준다. 2000년대에 들어 일부 재판에서 일본정부의 「시효 및 제척 기간」 주장이나 「청구권 포기」 주장에 반하는 판결을 내놓는 적이 있다. 예를 들어 2004년 3월 니가타(新潟) 지방법원은 중국인 강제연행 피해자의 청구를 전면적으로 인정하고 국가와 기업에게 손해배상을 하도록 한 것이 그것이다.

그러면서도 한편으로 2007년 4월 일본 최고재판소는 중국인 「위안부」 소송과 강제연행 피해 소송에서 「청구권 포기」 주장을 인정하고 원고측 청구를 기각하는 판결을 내렸다. 일본사회의 보수화 경향에 일본 사법부가 영합하는 반(反) 역사적인 입장을 취한 것이다. 이에 대해 야마모토 변호사는 "전후책임 재판은 죽었다"고 평가했다. 2007년 일본 대법원의 판결에 맞추어 이후 한인 피해자에 의한 전후보상 청구 소송에서 일본 사법부는 일률적으로 기각 판결을 내리고 있다. 예상컨대 당분간은 일본정부는 물론 일본 사법부로부터 전후처리에 대한 전향적 변화를 기대하기 어려울 것으로 본다.

_6_
「일본군위안부」 문제의 외교적 합의

2015년 12월 28일 윤병세 외교부 장관과 기시다 후미오(岸田文雄) 일본 외무상은 서울 세종로 외교부 청사에서 공동 기자회견을 열고 「일본군위안부」 문제가 최종 타결되었다고 발표했다. 2015년을 보내는 시점에서 한국과 일본이 더 이상 이 문제를 외교적 대상으로 삼지 않겠다고 했다는 소식이 전해지자, 한국사회에서는 이에 대한 분분한 해석이 나오면서 온통 시끄러운 연말연시를 맞게 되었다. 필자는 2016년 1월 1일 이 문제에 관한 양국 외교장관의 기자회견 내용을 정리하고 외교적 타결에 대한 필자의 의견을 적어 자신의 인터넷 카페 「한일문제의 길라잡이」[19]에 올렸으며, 새해 인사를 겸하여 인터넷 웹진을 발송하며 이 글을 연구자 사회에 확산시켰다. 다음은 2015년 12월 28일에 양국의 외무장관이 발표한 공동 기자회견의 내용이다.

한국 외교부 장관의 기자회견

한일 간 「일본군위안부」 피해자 문제에 대해서는 이제까지 양국 국장 협의 등을 통하여 집중적으로 협의를 행해왔다. 그 결과에 기초하여 한국정부로서는 다음과 같이 말씀드린다.

(1) 한국정부는 일본정부의 표명과 금번 발표에 이르기까지의 노력

---

19) http://cafe.naver.com/choiygho/한일시평. 2016년 1월 1일.

을 평가하고 일본정부가 표명한 조치가 착실히 실시되는 것을 전제로 하여 이번 발표로 일본정부와 함께 이 문제가 최종적 또는 불가역적으로 해결되는 것을 확인한다. 한국정부는 일본정부가 실시하는 조치에 협력한다.

(2) 한국정부는 일본정부가 주한 일본대사관 앞의 소녀상에 대해 공관의 안녕과 위엄의 유지라고 하는 관점에서 우려하고 있다는 점을 인지하고 한국정부로서도 가능한 대응방향에 관하여 관련 단체와의 협의를 행하여 가는 것 등을 통하여 적절하게 해결되도록 노력한다.

(3) 한국정부는 이번 일본정부가 표명한 조치가 착실하게 실시된다고 하는 전제에서 일본정부와 함께 금후 유엔 등 국제사회에서 이 문제에 관하여 서로 비난하거나 비판하는 일을 피한다.

일본 외무성 대신의 기자회견

한일 간 위안부 문제에 대해서는 이제까지 양국 국장 협의 등에서 집중적으로 협의를 진행해 왔다. 그 결과에 기초하여 일본정부로서 다음과 같이 말씀드린다.

1) 위안부 문제는 당시 군의 관여 하에 다수 여성의 명예와 존엄을 깊이 상처 입게 한 문제이며, 이러한 관점에서 일본정부는 책임을 통감하고 있다. 아베 내각 총리대신은 일본국의 내각 총리대신으로서 새롭게 위안부로서 수많은 고통을 경험하시고 심신에 걸쳐 치유되기 어려운 상처를 입으신 모든 분들에 대해 진심으로 사죄(おわび)와 반성의 마음을 표명한다.

(2) 일본정부는 이제까지 이 문제에 대해 진지하게 대처해 왔고 그

경험에 서서 금번 일본정부의 예산에 의해 모든 옛 위안부 여러분들의 마음의 상처를 치유할 조치를 강구한다. 구체적으로는 한국정부가 옛 위안부 여러분의 지원을 목적으로 한 재단을 설립하고 여기에 일본정부의 예산으로 자금을 일괄 거출하며 한일 양국 정부가 협력하여 모든 옛 위안부 여러분의 명예와 존엄의 회복, 마음의 상처 치유를 위한 사업을 행하기로 한다.

(3) 일본정부는 상기와 같은 표명과 함께, 상기 (2)의 조치를 착실하게 실시한다고 하는 전제에서 이번 발표에 따라 이 문제가 최종적이고 불가역적으로 해결될 것을 확인한다. 아울러 일본정부는 한국정부와 함께 앞으로 유엔 등 국제사회에서 이 문제에 관하여 서로 비난하거나 비판하는 것을 피한다.

필자의 의견

「일본군위안부」 문제가 한국과 일본 사이에서 가장 중요한 외교적 현안이 되고 있는 것은 분명하지만 그렇다고 해서 훨씬 더 많은 피해자를 발생시킨 여타 강제동원 피해문제를 밝혀야 하는 과제가 이번에 모두 함께 매듭지어진 것은 아니다. 「일본군위안부」 피해 문제에 대한 이번 외교적 결착을 보면서 1965년 청구권 협정을 떠올리는 사람이 많을 것이다. 한일 양국이 더 이상 외교적으로 강경 대치해서는 안 되고 국제적 여론이나 사회적 파급효과에 있어서도 양국이 계속하여 대립각을 세울 수 없기 때문에 외교적 타결은 절대적으로 필요했다고 본다.

그렇다고 해도 졸속적으로 이루어진 외교적 타결 결과가 너무도 석연치 않다. 굳이 이번 외교적 타결에 의미를 부여하자면 일본에서 성격이 애매한 성금이 아니라 공식적인 정부 예산을 통해 관련 자금을 한국에 제공하겠다고 한 것이 성과라면 성과라고 할 수 있다. 지난 1995년에 비하면 피해자 지원 자금의 공식적인 성격이 강화되었기 때문이다. 또한 일본정부가 '책임을 통감한다'고 하는 표현을 사용하고 일본 총리의 명의로 피해자에게 사과하겠다는 의사를 밝힌 것도 나름대로 의미가 있다. 아베가 총리 취임 이후 처음으로 위안부 문제에 대해 분명한 어조로 사죄와 반성의 뜻을 표명했기 때문이다.

그런데 가장 중요한 사항, 즉 일본정부의 법적 책임이 이번 타결에서 분명히 제시되지 않았다. 또한 앞으로 일본정부 관계자들이 위안부 피해 문제에 대해 이제까지 해 왔던 대로 부적절한 발언을 불쑥 불쑥 한다고 해도 이에 대해서 앞으로 우리 정부가 문제를 제기하기가 곤란해졌다. 그런데도 「최종적」이고 「돌이킬 수 없는」 결론에 성급하게 이른 것은 졸속적인 타결이라고 볼 수밖에 없다.

무엇보다 10억 엔의 자금을 일본이 제공하는 것을 조건으로 하여 이제 한국이 외교적으로 이 문제를 공론화 하지 않겠다고 한 것은 비판을 받지 않을 수 없다. 아베가 이제까지 과거 침략을 정당화하는 발언을 일삼았음에도 불구하고 이에 대한 반성이나 번복도 없는 가운데 그는 이번에 돈으로 외교적 타결을 이끌어낸 것이 분명하기 때문이다. 20여 년 전 김영삼 대통령이 「일본군위안부」 문제가 불거지자 일본정부한테서 자금을 받지 않을 것이고 일본의 「버르장머리」를 고치겠다고 했던 발언이 새삼 생각난다. 결국 피해자 지원 자금 때문에 이명박 대통령 때부터 이제까지 한국정부가 그토록 대일 외교에서 강경한 자세를 취했다는 말인가. 일본 우익은 벌써부터 아베가 한국에 「퍼주기」 외교를 했다고 비난하고 있고 한국에 대해서는 언제나 「걸인 외교」를 하고 있다고 힐난하고 있다. 50년 전의 청구권 협정 타결에서 나타난 문제점이 이번에도 그대로 재현된 것이다.

지난 1995년을 돌이켜 보면 일본정부는 「아시아여성평화국민기금」이라는 이름으로 민간 성금을 통해 이 문제를 해결하려고 했다. 일반인에 의한 성금도 애초 예상만큼 걷히지 않자 일본정부는 정부 지원금으로 이를 메워야 했다. 그때 한일양국에 가장 큰 걸림돌이 된 것은 한국의 위안부 피해자 일부와 피해자 단체가 이 기금을 받아들이는 것에 극구 반대한 일이다. 그래서 일본정부는 기금을 전달하기에 앞서 책사(策士)를 한국에 보내어 피해자 관련 단체를 설득하는 움직임을 보였다. 비록 결과적으로 한국의 피해자 단체는 이에 대해 호응하지 않았지만 적어도 그때는 일본정부가 사전 설득 작업을 하는 성의를 보인 것이다. 그런데 이번 외교당국의 타결 과정에서는 이러한 수속이 생략되었다. 2015년이 지나가기 전에 한일간 외교관계를 회복하려고 했던 당국자들의 강렬한 의지가 반영된 것이긴 하지만, 그러다보니 피해자나 피해자 단체를 경시하는 일이 벌어진 것이다. 이 점에서도 이번 외교적 타결은 1965년 청구권 협정의 재판(再版)이라는 비판을 면할 수 없게 되었다. 일본은 말할 것도 없고 우리정부도 전후처리가 원만하게 이루어지기 위해서는 전쟁피해자와 피해자단체에 대해 낮은 자세로 대화하고 설득해 가는 모습을 보여야 하는데 이번에도 그렇게 하지 않은 것이다.

「일본군위안부」 문제에 관한 외교적 타결의 실책을 계기로 하여 앞으로는 한국의 민간 연구자나 피해자 단체가 과거 강제동원 피해에 관한 연구와 조사 작업에 더욱 더 매진할 수 있기를 희망해 본다. 한국이 2015년 해방 70주년을 맞았는데 일제강점기의 강제동원에 관

한일 외교장관의 공동 기자회견

한 독립된 연구 조사는 그다지 활발하지 않은 것으로 보인다. 강제 동원 피해 전반에 관한 국민적 관심이 그다지 높지 않기 때문이다. 이러한 풍토 속에서 이런 졸속적인 외교행태가 나오고 있는 것이다.

"하늘은 스스로 돕는 자를 돕는다"라고 하는 말은 어느 시대나 통용되는 절대적인 진리다. 과거 식민지 피지배의 치욕을 다시 겪지 않기 위해서는 정부나 국민 모두가 자존심을 세워가야 한다. 정부는 자국민 피해자를 적극 돌보아야 하며 민간 연구자들은 시류에 흔들리지 말고 과거사 피해의 진상을 조사하여 기록해 두는 일에 게을리 해서는 안 된다.

_7_
「일본군위안부」 문제의 해법

당분간은 부산 소녀상의 철거 문제를 중심으로 해결 기미를 보이고 있지 않은 「일본군위안부」 문제로 한일관계가 삐걱거릴 것으로 보인다. 지난 2016년 9월 라오스에서 열린 한일 정상회담에서 아베 총리는 소녀상 문제도 포함하여 외교적 합의에 대한 착실한 시행을 당부한다고 강조했다. 이것은 2015년 12월 「일본군위안부」 문제에 대해서 한국정부가 합의 문서에 소녀상의 철거 문제와 관련하여 관련 단체와의 협의 등을 통해 적절히 해결되도록 노력하겠다고 명문화했기 때문이다. 문재인 정부가 출범하면서 곧 바로 2017년 5월 1일 아베 총리한테서 축하 전화를 받았으나 이때 아베는 한국 측의 외교적 노력을 당부했고 일본정부는 이 문제에 관하여 재교섭이 불가능하다는 입장을 분명히 밝혔다. 일본의 입장에 대해서 대통령 후보 시절 때부터 2015년 외교적 합의를 반대해 온 문재인 대통령은 한국의 국민 대다수가 이를 수용하지 못하는 것이 현실이라고 응답했다.[20]

이 문제에 관한 외교적 합의가 발표되는 날 「한국정신대문제대책협의회」(정대협)은 "평화비 철거 등의 전제조건을 내세운 채 「일본군위안부」 문제 해결은 불가능합니다"라고 하는 성명서를 발표하고 한국과 일본정부 모두를 강하게 비판했다. 이 단체는 1995년 무라야마

---

20) 이데일리, 2017년 5월 11일.

(村山) 정부가 시행한「아시아여성평화국민기금」에 대해서도 이를 반대한 바 있다. 또한 일본정부는「일본군위안부」피해자에 대한 위로금 지급 등을 위해 일본정부의 예산을 가지고 10억 엔을 한국에 제공하겠다고 한 합의에 대해서도, 과거「아시아여성평화국민기금」이 피해자의 반대와 일본 국민의 호응이 낮아 실패했던 것을 다시 재현하려는 꼼수라고 비난했다. 아울러 이 단체는 피해자들이 진심으로 납득하고 받아들일 수 있는 올바른 해결을 내놓기 바란다고 부연했다. 정대협은 과거사를 바로 잡고 대일외교를 신중하게 해야 한다는 취지에서 시작되었으나, 점차「일본군위안부」문제를 둘러싼 사회적 관심이 높아지는 것에 편승하여 민족적인 감정으로「반일」논조를 확산하거나 외교적인 합의와 피해자 개인의 권리를 무시한다고 하는 비판을받고 있다. 시민단체의 본래 성격으로 돌아가「일본군위안부」에 관한 자료와 정보를 충분히 제공하면서도 위로금을 받고 안 받고의 최종적 선택은 피해자에게 맡기는 자세가 필요하다고 본다.[21]

국제정치이론 가운데 Two-Level Game 이론이 있다. 국가와 국가 사이의 협상에는 외교적 협상과 국내적 비준 협상이 함께 존재한다는 것이다. 국가 간 협상을 성공시키기 위해서는 일차적으로 상대방 국가를 압박하여 자신에게 유리한 협상결과를 얻는 것도 중요하지만, 그와 함께 상대방 국가의 국내적 여론이 대체로 받아들일 수 있는 방안을 모색해야 한다는 이론이다. 이 이론을「일본군위안부」문제에 적용시켜 보면 아베 총리가 때때로 고노 담화와 무라야마 담화에서 제시한 조직적인 강제연행이 있었다는 논리를 부정하면서, 2015

---

21) 이뉴스투데이, 2015년 12월 26일.

년 한국과 맺은 외교적 합의만을 이행하라고 주장하는 것은 한국 국내 여론을 지나치게 무시하는 논리이다. 한국이 수용할 수 있는 논리를 합의안으로 제시해서는 보수 우경화하는 일본의 국내여론에 맞지 않고, 반면에 일본이 내세우는 외교적 타협을 이행하라고 하는 주장은 한국의 국내여론에 맞지 않는다. 이렇게 볼 때, Two-Level Game 이론에 적용한 딜레마 상황을 먼저 인정하는 것이 문제해결의 출발점이라고 생각한다.[22]

한편 한국정부로서는 「일본군위안부」 문제에 대한 입장을 분명히 해야 한다. 일본정부에 대해 「진정한 사과」가 없다고 주장하는 것은 일견 분명한 것 같지만, 그 「진정한 사과」가 외교적 「사죄」를 말하는 것인지, 아니면 아베 총리를 포함한 일본정부 관계자 중에서 나오고 있는 고노(河野) 담화와 무라야마 담화의 기조를 해치는 「반(反) 역사적」인 발언과 행동을 의미하는 것인지 그다지 분명하지 않다. 일본정부나 일본인 연구자 대부분은 일본이 이제까지 외교적인 「사죄」를 꾸준히 해 왔다고 주장하고 있으며, 일본정부 관계자의 「반(反) 역사적」인 발언과 행동에 대해서는 한국과 달리 일본문화에 기초한 것이라고 하며 해석을 달리 하고 있다. 결과적으로 한국은 상대방 논리에 대한 합리적인 반박 논리를 제시해야 한다. 또한 한국정부는 "돈은 필요 없고 진정한 사과가 필요하다"라고 주장하고 있는데 이러한 「감정적」인 주장이 힘을 얻으려면 피해자 개인의 존엄을 절대 훼손시키지 않는 범위에서 「일본군위안부」 문제의 역사적 사실을 조사하고 한국 스스로가 나서서 피해 당사자와 그 유가족에게 충분히 지원을 제공

---

22) 이성우, 「위안부 합의에 대한 한일의 해법」, 『JPI PeaceNet』, (제주평화연구원), 2017-27, 2017년 6월 28일.

하는 「합리적」 정책이 병행되어야 한다. 다시 강조하지만, 하늘은 스스로를 돕는 자를 돕는다.

부산의 소녀상

지난 2015년 연초에 한국에서 TV조선이 실시한 여론조사에 따르면, 일본에 호감이 없다고 답변한 결과가 69.5%에 달했고 호감과 관심을 표명한 답변은 13%였다고 한다. 이것은 일본과 마찬가지로 역대 최저치를 기록한 것으로, 그만큼 한일관계의 경색 국면을 한국 국민들이 실감하고 있다는 것을 말해주는 것이었다. 한국정부나 국민의 입장에서는 독도 영유권 문제나 「일본군위안부」 문제에서 일본이 변화하기를 기대하고 있으며 이러한 기대가 이루어지지 않는 한 한일관계의 긍정적 회복은 어렵다고 보고 있는 것이었다. 그렇다고 해서 영유권 문제나 역사인식 문제에서 일본이 전향적으로 바뀔 것으로 전망하는 한국인의 관점도 희박한 것이었다. 결과적으로 일본에 대한 기대와 현실인식 사이에서 커다란 괴리를 나타낸 것이었으며 그

것은 현재 한국 국민들은 한일관계의 회복을 굳이 희망하지 않고 있다는 것을 의미하는 것이도 했다. 과거에 현실적인 경제이익을 위해 일본에 대한 기대를 보류했던 것과 같은 상황이 재현되지 않는다면 한일관계의 긍정적인 회복은 어렵다고 하는 것을 잘 보여준 것이다.

이런 상황에서 볼 때, 한국은 앞으로 어떻게 일본을 극복해 가야 하는가. 오늘날 우리가 경험하고 있는 한일갈등의 근본 원인은 일제강점기에 일본제국이 저지른 「민족차별」 위에 강요한 동화(同化)의 역사, 즉 「우민(愚民) 정책」에 있다. 반도인은 열등하기 때문에 차별을 받는 것이 마땅하다는 논리와 함께, 식민지 통치 아래에 있으니 일본제국의 전쟁수행에 따른 국가동원에 순종해야 한다는 논리를 적용하여 권력으로 강력하게 동화 정책을 추진한 결과에 따른 것이다. 특히 식민지 말기에 노동, 물자, 생명을 침략전쟁에 착취당한 것이 남북한 할 것 없이 한반도 사람에게 모두 뼈아픈 트라우마로 기억되고 있다.

그럼에도 불구하고 전후 한일관계의 평화적 공존은 이러한 트라우마를 덮어두고 외교관계를 설정하는 데서 비롯되었고 오늘날까지 계속되고 있다. 외교교섭을 핵심으로 하는 한일협정 체제는 대표적인 평화공존 방식이다. 일본의 역사반성이 전제되지 않는 한일협정 체제는 한국이 경제성장을 위해 어쩔 수 없이 수용해야 했던 외교 방식이었던 것이다. 한국인의 트라우마가 치유되지 않는 한, 앞으로도 이러한 평화적 공존 방식을 추구할 수밖에 없다. 트라우마를 치료하는 데는 일본의 역사인식의 변화가 가장 빠른 길이지만, 이것은 일본의 「역사와 문화」에 관계된 것으로서 쉽사리 기대할 수 없다는 것을 한국인은 너무도 잘 이해하고 있다. 이런 상황에서는 한국인도 과거사로 인한 트라우마를 스스로 치유하는 방법을 찾아나서야 한다. 자신의 성장을 막는 트라우마는 조금씩 치유해 나가야 하지 않겠는가.

　최근 일본에서 재특회(在特會)를 중심으로 일어나는 집단 폭력행위나 헤이트 스피치는 일본의 사회적 질환이 겉으로 나타난 증상이다. 개인적으로야 정신적으로 온전하지 않은 사람들이 많기 때문에 어느 사회에서나 이상한 말과 행동을 하는 사람이 나타나게 마련이지만, 이러한 일탈 행위가 집단화 된다는 것은 사회적으로 병들었다는 것을 나타낸다. 일본의 경제적 어려움, 특히 정규직 고용의 경색과 이에 따른 불만이 사회를 우경화 시키는 주범이라고 생각한다. 이러한 현상은 일본에만 있는 것이 아니고 한국에도 심각한 문제가 되고 있다. 다만 일본에서 이러한 사회적 문제가 집단화되고 「이민족 때리기」, 「이민족 배척 현상」으로 이어지는 것은 과거 식민지 지배의 불운한 역사로 인한 트라우마를 증폭시키고 있어서 한일관계를 더욱 회복하기 어려운 상황으로 내몰고 있다. 한국사회도 일본의 혐한 움직임에 일희일비하지 않고 혐한의 소재가 되는 문제들을 의연하게 스스로 성찰하고 고쳐나가는 여유를 보이기를 희망한다. 한국사회가 무덤덤하고 나아가 건전해진다면 일본사회에서 혐한 단체들의 주장들은 자연스럽게 무색해지지 않겠는가.

　오늘날 한일 양국에서 보이는 암울한 외교관계는 전적으로 정부 간 외교적 노력이 부족한데서 생기는 일이다. 일본정부에게는 관계경색의 근본 원인을 인정하려는 노력이 부족하며, 한국정부에게는 현실적인 이익을 위해서 국민감정에 지나치게 휘둘리지 않고 다양한 외교적 채널을 구사하려는 노력이 부족하다. 한편 기본적으로 한일 양국의 민간단체 상호관계는 외교관계의 경색에도 불구하고 우호적인 분위기를 유지해 오고 있다고 본다. 지난 2014년 재일민단이 헤이트 스피치에 대해서 국제적인 기관에 보편적인 인권 문제로 호소하며 간접적으로 일본정부를 압박한 것 같이, 민간단체는 인권 옹호와 우호 증진에 기초한 국제적 교류와 협력을 유지하고 있으며, 이러한 기조를 지키는 것이 무엇보다 중요하다. 오늘날 외교관계의 큰 줄거리는 막혀 있기는 하지만, 민간단체 사이의 협력 움직임을 이용한다면 소소한 줄거리는 풀어나갈 수 있을 것으로 본다. 결국 일본사회의 건전한 구성원인 일본인과 연대를 유지하는 것이 절대적으로 중요하다는 것이다.

일본정부는 한일협정체제에서 부득이 덮어두었던 역사인식 문제에 관한 한국인과 한국정부의 입장에 대하여 겸허하게 이해하려는 노력을 보여야 한다. 동시에 한국정부는 현실적인 이익을 위해 역사인식 문제를 보류한 채 한일협정체제를 유지했던 과거 정부의 입장에 대해서 겸허하게 이를 받아들이고 이해하려는 노력을 보여야 한다. 양국 정부의 겸허한 태도가 정책적인 지향점이라고 생각한다. 일본에 비해 정치적, 경제적 발언력이 상대적으로 미약했던 약소국 한국은 해방 이후 오늘날에 이르기까지 국제정세의 변화와 국내사회의 경제적 빈곤으로 평온한 시기를 보낸 적이 없다. 국내외 한국 국민은 이러한 환경들을 어렵게 극복하면서 오늘날 한국사회를 건설해 온 것이다. 한편 일본정부는 한국과 주변국에 대해 어느 시기에도 과거 침략과 식민지 지배를 근본적으로 반성한다고 하는 자세를 보인 일이 없다. 이러한 한일관계의 현대사에 비추어볼 때, 우리 자신을 지나치게 혐오하거나 무기력함을 보이는 것은 기본을 잃고 있는 모습이다. 또한 일본이 근본적으로 바뀌기를 지나치게 기대하는 것도 기본을 잃고 있는 모습이다. 상대방에 대한 기대를 줄일 때 상대방을 이해하기 쉽고 사이 좋은 관계를 유지하기 쉽다.

참고문헌

국정홍보처 해외홍보원, 『일본 역사교과서 검정 관련 외신기사 모음집』, 해외
    홍보원, 2001년.

극동국제군사재판, 『A급 전범의 증언: 도쿄전범재판을 읽다. 도조 히데키 편』,
    언어의 바다, 2017년.

김대상, 「인명피해 배상에 대한 청구권협정의 허구성」『한일연구』5집, 1992
    년 10월.

박명희, 『일본군 위안부 피해자 문제 합의 관련 일본 미디어의 보도동향과 대일
    공공외교 방안』, 국립외교원 외교안보연구소, 2016.

양징자 등, 『(일본 활동가들이 말하는) 한일 '위안부' 합의의 민낯』, 창해,
    2016년.

이원덕, 『한일 과거사 처리의 원점: 일본의 전후처리 외교와 한일회담』, 서울대
    학교출판부, 1996년.

이찬희, 『일본 고등학교 교과용도서 검정규정 및 역사 교과서 검정결과』, 한국
    교육개발원, 2002년.

장박진, 「한일회담에서의 식민지관계 청산연구: 청산소멸의 정치논리를 중심으
    로」, 한국외국어대학교 박사학위논문, 2007년.

최영호, 「한국정부의 대일 민간청구권 보상 과정」, 『한일민족문제연구』8호,
    2005년 6월.

황허이·백은영, 『도쿄 대재판: 도쿄전범재판의 전말을 통해 일본 보수 우익의
    원류를 밝힌다』, 예담, 1999년.

高木健一, 『전후보상의 논리』, 한울, 1995년.

大沼保昭, 『東京裁判から戦後責任の思想へ』, 有信堂高文社, 1985年.

粟屋憲太郎, 『東京裁判論』, 大月書店, 1989年.

佐藤和男, 『憲法九条・侵略戦争・東京裁判』, 原書房, 1985年.

佐谷正幸, 『さらば東京裁判: 日本再生への歴史認識』, 佐谷正幸, 2006年.

島内龍起 『東京裁判』, 日本評論社, 1984年.

太平洋戦争研究会, 『東京裁判』, 新人物往来社, 2003年.

太平洋戦争研究会,『東京裁判の203人』, ビジネス社, 2015年.

瀧川政次郎,『東京裁判をさばく』, 慧文社, 2006年.

日暮吉延,『東京裁判の国際関係: 国際政治における権力と規範』, 木鐸社, 2002年.

渡部昇一,『「東京裁判」を裁判する』, 致知出版社, 2007年.

II. 일본의 문화

_1_
유네스코 세계문화유산 등재

2017년 7월 폴란드 크라쿠프(Kracow)에서 개최된 제41회 유네스코 세계유산위원회는 중국이 신청한 2건의 자연문화유산, 즉 칭하이(青海)의 커커시리(可可西里)와 샤먼(廈門)의 구랑위(鼓浪嶼)를 세계문화유산으로 인정했다. 이로써 중국은 이탈리아와 함께 총 52건의 세계문화유산을 가지게 되어 세계 최대 보유국이 되었다. 또한 이 위원회는 일본이 신청한 무나카타(宗像) · 오키노시마(沖ノ島) 문화를 세계문화유산으로 인정했다. 이곳은 현해탄에 위치한 까닭에 고대 이후 한반도와 일본열도 사이에서 빈번한 문화교류가 이뤄질 때 거쳐간 곳이다. 이곳에서는 서역계에 속하는 금속장식품, 청동제품, 유리 등이 대거 출토된 바 있다. 일본은 2016년에 등재된 국립서양미술관을 포함하여 총 21건의 세계문화유산 보유국이 되었다. 그 내역을 간단히 보면 문화유산이 17건이고 자연유산이 4건이다. 한국은 2017년 현재 총 12건의 세계문화유산을 가지고 있다. 1995년에 해인사 대장경, 종묘, 석굴암 · 불국사, 1997년에 창덕궁, 수원화성, 2000년에 고인돌, 경주, 2007년에 제주 화산섬, 2009년에 조선왕릉, 2010년에 하회 · 양동, 2014년에 남한산성, 2015년에 백제역사유적지구가 각각 유네스코에 세계문화유산으로 등재되었다.

이처럼 유네스코 등재는 오랜 역사와 유물을 간직하고 보존한 결과 이루어지고 있다. 그런데 일본이 2015년 제39회 유네스코 세계유산위원회에 메이지(明治) 시대 산업혁명유산을 등재 신청하면서 한국과 일본이 이를 두고 서로 다른 견해를 제시하기 시작했다. 일본은 산업혁명의 유산 그 자체만을 강조하려고 하는 반면에, 한국은 전쟁시기에 이곳에 한인 노동자들이 대거 강제동원되어 노역을 담당했음을 함께 전달하라고 요구하고 있는 것이다. 다시 말하면 아시아 태평양 전쟁의 침략성과 군국주의 만행, 민간인 강제동원 피해자에 대한 책임을 일본은 가능한 덮어두려고 하고 있고 한국은 들춰내려고 하고 있는 것이다.

그 중에서도 한일 양국에서 가장 큰 쟁점이 되고 있는 곳은 나가사키(長崎)에 소재한 「군함도」, 즉 하시마(端島) 섬이다. 이곳에서 석탄이 발견된 것은 1810년경으로 알려지고 있다. 이때부터 원시적인 채탄이 시작되어 1880년대부터 근대적 채탄 시설이 갖추어져 근래 1970년대까지 이곳에서 조업이 이뤄졌다. 그런데 일본은 총력전체제 아래에서 석탄 채굴이 활발해지고 노동력이 부족해짐에 따라

나가사키의 하시마

1939년부터 한인 노무자를 집단적으로 끌어들였고 중노동의 대부분을 한인 노무자에게 맡겼다. 이에 그치지 않고 1943년부터는 중국인 포로도 유입시켜 강제노동을 시켰다. 2017년 한국에서「군함도」강제동원 노무자에 관한 픽션 영화가 개봉됨에 따라 한국인의 대중적인 관심이 높아졌다.

한인 강제동원 피해 사진

1972년 9월 중국과 일본이 수교하면서 "중국정부는 일본국에 대한 전쟁배상 청구를 포기한다"라고 공동성명을 통해 발표했다. 그러나 이것은 어디까지나 양국 정부 간의 배상 포기를 의미하는 것이다. 민간인 피해자의 청구권을 포기한다는 것은 아니라고 해석하면서 전시에 하시마 등지에 노무동원 되었던 중국인을 중심으로 하여 2002년 1월 미쓰비시 매터리얼을 상대로 하여 손해배상을 청구했다. 나가사키 지방 재판소는 2007년 3월 배상 청구 자체는 민사상 청구권 제기 기한인 20년을 경과했다고 하면서도, 전시기의 강제동원 노무에 대한 불법성을 인정하는 판결을 내렸다.[1]

---

1) 朝日新聞, 2007年 4月 6日.

근래에 들어 일본은 메이지 시기 산업유산으로서 하시마를 유네스코 세계유산으로 신청하자 이에 대응하여 2015년 한국정부 일각에서 일본의 강제동원 기록을 유네스코 세계유산에 등재하려는 움직임을 보인 일이 있다.[2] 국무총리 소속 위원회는 강제동원 조사서와 기록물을 문화재청에서 주관하는 세계기록유산 등재 신청 대상 기록물 공모에 접수한 것이다. 이것은 위원회가 2004년 이후 11년 동안 생산하고 수집한 것으로 피해조사서 22만 7천 141건, 지원금 지급심사서 10만 5천 431건, 구술자료 2천 525건, 사진자료 1천 226건 등이었다. 그러나 이러한 움직임은 단발성 사건으로 그치고 말았다. 유네스코 등재의 가능성이 적다는 현실적인 판단도 작용했지만 가장 중요한 것은 관련 위원회의 해체가 기정사실이 되었기 때문이다. 결과적으로 위원회가 생산한 강제동원 자료 가운데 사진이나 피해자 명부와 같은 자료는 부산의 강제동원역사관에 소장되고 심의조서와 같은 공문서 기록은 국가기록원으로 이관되었다. 국내에서 세계유산 등재 신청을 심사하는 문화재청은 2015년 11월 일본에 맞서 세계문화유산 등재를 추진해 오고 있던 일제 강제동원 자료를 등재 추진 대상에서 제외시켰다. 섣불리 추진된 한국의 일제 강제동원 자료의 국제화 움직임이 국내심사 단계에서부터 탈락되고 만 것이다.[3]

2) 연합뉴스, 2015년 9월 13일.

3) MBN, 2015년 11월 26일.

_2_
도난당한 쓰시마 불상

2017년 1월 26일 대전지법 민사 12부(재판장 문보경 부장판사)는 대한불교조계종 부석사가 한국정부를 상대로 제기한 금동관음보살좌상 인도 청구소송에서 정부는 부석사에 불상을 인도하라고 판결했다. 재판부는 판결을 통해 불상을 옮겨 모실 때는 불상 내부에 원문을 적어 그 내용을 밝히는데 이에 대한 기록은 발견되지 않았다고 하고, 고려시대 서산지역 왜구의 침입 기록과 불상의 훼손 상태를 볼 때 증여·매매 등 정상적인 방법이 아닌 도난과 약탈로 쓰시마(對馬) 섬에 운반된 것으로 보인다고 판단했다. 재판부는 변론과 현장 검증을 통해 불상이 부석사 소유로 넉넉히 인정된다고 추정된다면서 "불상 점유자는 원고인 부석사에 인도할 의무가 있다"고 판결했다.

지난 2012년 10월 국내 절도단은 쓰시마섬의 사찰 '간논지(觀音寺)'에 있던 금동관음보살좌상을 훔쳐 불상을 위작이라고 속여 부산을 통해 들여왔다가 2013년 1월 검거되었다. 불상 속의 유물에는 이 불상이 1330년 서산 부석사에 봉안하기 위해 만들어졌다는 기록이 새겨져 있었다. 따라서 부석사는 불상이 과거 14세기 왜구들에게 약탈당한 것이라고 주장하며 그 소유권을 주장해 왔다. 그러나 국내 문화재 전문가 대부분은 이 불상이 일본으로 어떻게 건너갔는지 반출 경위가 소유권 판결의 중요한 근거라고 보고, 왜구에 의해 약탈당했을 개연성은 높지만 결정적 증거를 확보하기 어렵다고 하는 입장을 보였다.

도난당한 쓰시마 불상

　더욱이 도난당한 물건이나 한국의 국제적 위상에 비추어 볼 때 이번 판결은 한국의 지성인 대부분에게도 납득이 잘 가지 않는 문제점을 안고 있다. 오늘날 일본에 있는 8만 여 점에 달하는 문화재를 외교적 절차를 밟아 조금씩 반환해 오고 있는 마당에 한국의 사법부가 근시안적인 판단으로 현실적인 반환 활동을 그르치고 있기 때문이다. 조선일보 2017년 1월 31일자「만물상」에서는 단국대의 불교미술 권위자, 정영호 석좌교수가 이러한 논조로 이번 판결을 신랄하게 비판하고 있다. 그는 현재 대마도에만 해도 한국 불상이 수십 개가 되며 왜구에 의해 약탈된 것도 있고 정상적인 경로를 통해 건너간 것도 다수 있다고 하면서, 대마도 관계자와 협의해 가는 가운데 반환 교섭이 순조롭게 이루어지고 있는 상황에서 이번 판결이 찬 물을 끼얹었다고 보고 있다.

　중세 일본은 불교가 유행한 반면 조선시대에 들어 불교를 억압하고 대장경과 같은 문화재조차 천시하는 문화가 강해지면서 한국의 불교

문화가 대거 일본으로 건너갔다. 그 가운데에는 임진왜란이나 일제 강점 시기에 일본에서 약탈해 간 것도 많이 있다. 대마도 불상 역시 이렇게 약탈된 것도 많고 그렇지 않은 것도 많다. 그럼에도 불구하고 도둑이 훔친 불상을 사법부가 추정만으로 반환할 필요가 없다고 판결 한 것은 또 다른 문제를 야기할 공산이 크다. 법을 기준으로 한 것이 아니라 「애국」을 기준으로 하여 판결을 했다고 한다면 더욱 더 큰 화 로 우리에게 되돌아 올 수 있다. 뉴욕타임스도 이 판결에 관심을 보이 고 있다. 이제는 남들이 우리를 어떻게 보고 있는지 살펴야 한다. 이 제 한국도 그럴만한 국가가 되었다.

한국의 사법부 판결에 대해 자연스럽게 일본정부도 발끈하고 나섰 다. 1월 26일 당일 판결에 대해 스가 요시히데(菅義偉) 일본 관방장 관은 오전 기자회견에서 "극히 유감이다. 신속히 불상이 일본에 반환 되도록 한국에 적절한 대응을 요구할 것"이라고 발표했다. 해당 불상 은 쓰시마 지정 지방 유형 문화재로 분류되어 있다. 2017년 1월 27일 자 마이니치신문(每日新聞)은 "쓰시마 불상, 원상복귀가 국제적 상식 이다"는 제목 아래 "한국정부도 2014년에 조사를 통하여 왜구에게 약 탈당했을 가능성이 크지만 단정은 어렵다고 했다"고 하며 "이번에 그 것을 뒤엎을 만한 구체적인 증거가 제시된 것도 아니다"는 이유를 들 어 이번 판결을 신랄하게 비난했다.

_3_
후쿠오카에서 느낀 일본문화

　필자는 2015년 2월 11일부터 14일까지 「평화선」에 의한 일본인 어민 피해자를 연구하는 가운데 후쿠오카현의 이토시마(糸島)에 출장했다. 2014년 11월 한국연구재단의 한국사 관련 연구사업을 시작하고 곧 바로 기획한 것이다. 미리 탐문하거나 예약하지 않고 이토시마 가후리(加布里) 어촌의 풍경을 카메라에 담기 위한 목적으로 이곳을 방문했다. 따라서 그때에는 어민 피해자 가운데 여전히 이곳에 살고 있을 것으로 기대하지도 않았다. 그런데 이곳에서 결과적으로 「평화선」 피해자 할아버지 2명을 찾아냈고 그들과 면담까지 할 수 있게 됐다. 두 사람 모두 1950년대 중반 20대 미혼 청년으로서 같은 어촌의 사람들로 구성된 28명의 선원들 사이에 끼어 밤늦게 제주도와 고토(五島) 열도 사이 해역에서 고등어 잡기에 열중하고 있었다고 한다. 이때 소총을 들고 나타난 한국의 경비대에 포획되어 28명 모두 부산으로 끌려갔다고 한다. 한국 경찰의 취조를 받은 후 수용소에 끌려가 2년 동안 집단 수용소 생활을 한 후에 4개월 동안 형무소에서 추가로 복역하다가 석방되어 일본으로 돌아오게 되었다고 한다.

　이들이 겪은 「평화선」 침범 어선 나포 사건은 한국과 일본 사이에 아직 국교정상화가 이루어지지 않았고 어업협정도 맺지 않은 상태에서 일어났다. 이 사건은 세상에 널리 알려져 있기는 하지만 집단적인 감정을 자극하고자 하는 일본의 언론에 의해 지나치게 어둡게 묘사

이토시마 가후리 포구

되고 있다는 것을 이번 인터뷰를 통해 필자는 직접 확인할 수 있었다. 언뜻 상상하면 일본인 피해 어민들이 어느 날 갑자기 가족과 생이별을 하게 되고 2년 8개월 동안이나 이국땅에 억류되었다고 하여 엄청난 고난을 당했다고 생각하기 쉽다. 그러나 당사자 어민 할아버지는 우리 한국 조사단을 따뜻하게 맞아들인 것은 물론, 부산의 억류 생활에 대해 마치 집단적으로 소풍을 다녀온 것과 같이 회고했다. 기나긴 시간 동안이었지만 같은 배에서 조업하던 28명이 함께 생활을 했고 일본 전국에서 온 어민 약 1,000명 정도가 부산에서 일본어로 집단생활을 했기 때문에 별로 부자유함을 느끼지 않았다고 했다. 도리어 억류 기간 동안 굳이 어로 활동과 같은 고생을 하지 않아도 매일 식량이 배급되었고 억류 이후에 근해에서만 어로 활동을 하게 되어 편해진 측면도 있었다고 말했다.

부산의 연구조사단이 2015년 면담을 하게 된 할아버지들은 당시 생활형편이 어려운 선원에 불과했고 억류 당시에 결혼하지 않아 가족을 거느릴 의무가 비교적 적었기 때문에 다른 피해 어민에 비해 밝게 억류 사실에 대해 회고할 수 있었는지 모른다. 이들이 겪은 분위기가 1953년부터 1964년까지 이루어진 모든 일본인 억류 피해자에게 동일하게 적용되었다고 보기도 어렵다. 다만 이러한 피해자들이 있었기 때문에 한일 교섭을 통한 어업협정 체결이 이루어진 것을 생각하면 오늘날 우리가 향유하고 있는 자그만 「평화」의 소중함에 대해서 감사하는 한편, 국가 간 협정이 맺어진 배경에 이러한 중간자 피해자들이 존재했다고 하는 것을 새삼 상기하게 된다. 우리와 면담한 할아버지 가운데 한 분은 2016년에 세상을 떠났다. 앞으로 살아갈 세월이 그다지 남아 있지 않은 이들은 비록 간혹 한국이나 일본 국가에 대해 불만을 나타내기는 하지만, 우리에게 다행히 일본 우익들이 떠벌이고 있는 것과 같은 큰 원한을 표출하지는 않았다. 그만큼 오늘날 이들이 겪고 있는 가족생활과 사회복지가 이들에게 따뜻함을 유지할 수 있게 하는 것이 아닌가 생각했다. 인터뷰를 마치고 피해자 어민의 거실을 떠나면서 필자는 "건강하실 때 한번 부산에 놀러 오시지요" 하고 인사를 전했다.

또한 필자는 이번에도 잠시 시간을 내어 후쿠오카의 한 서점을 찾았다. 여기에서 여전히 아베 정부에 들어서서 한일관계가 경색되어 있는 가운데 일본사회의 보수적인 경향이 짙어진 것을 확인할 수 있었다. 일본에 잠시 머물다 가는 여행객으로서 일본사회의 분위기 변화를 널리 이해하는 방법으로 서점 이상 좋은 곳이 없다. 근래에 출판된 책 가운데서, 『조선총독부 관리 최후의 증언』(2014년 출간)은 필자의 관심을 강하게 끌어들였다. 이 책은 보수성향의 출판사 조사팀이 총독부 관리를 지낸 니시카와 기요시(西川淸)와 인터뷰했다고 하는 내용을 중심으로 하여 조선총독부의 내선일체 정책과 동화 정책을 높이 평가하고 있다.

니시카와는 식민지 조선에서 일본인과 조선인 사이에 친밀감이 돈독했다는 것, 조선의 발전과 산림 인프라 구축에 노력하는 등 훌륭한 통치를 했다는 것, 민간업자들이 여성들을 고용하여 위안부로 상업 행위를 하고 있었다는 것 등을 회고했다. 심지어 창씨개명에 있어서도 하든지 안 하든지 조선인의 자유에 맡겼다고 하는 내용은 정말 이 사람이 그렇게 증언했을까 의문이 들어 한번 만나서 확인해 보고 싶기까지 했다. 필자는 개인적으로 니시카와의 패전 직후 활동에 특히 관심이 쏠렸다. 그는 패전 후 귀환하여 센자키(仙崎) 인양원호국에 재취업하고 원호국이 폐쇄되자 고향인 와카야마현(和歌山県) 현청 인사과에 들어가 공무원 생활을 지속할 수 있었기 때문이다. 니시카와가 12년간이나 식민지 땅에 거주했기 때문에 이처럼 일방적인 인식을 갖지는 않을 것으로 판단되며, 인터뷰를 기획한 출판사가 그의 회고 가운데서 임의적으로 우파인사들이 주장하는 내용만을 뽑아서 책으로 엮은 것이 아닌가 생각된다.

이 책 이외에도 혐한(嫌韓)을 부추기는 책들이 2015년 2월 시점에도 버젓이 진열대에 놓여있었다. 다만 2014년에 후쿠오카에서 섬뜩하게 느낀 바와 같이 진열대 맨 앞에 혐한 서적들이 수도 없이 디스플레이 되었던 현상은 2015년에 들어서 완화되었기 때문에 약간 안심이 되었다. 그렇다고 해서 일본인의 침묵을 그들과 상호 신뢰할 시그널로 보기에는 조금 이른 듯하다. 2014년에 소수 혐한류 작가와 운동가를 통해 마음껏 쏟아낸 창피스러운 일본의 움직임은 주변국은 물론 일본의 소위 양심적인 인사들을 놀라게 했을 뿐 아니라 일본사회

니시카와 기요시 저서

에 잠재해 있는 추악한 모습을 그대로 표출했기 때문이다. 어쩌면 당연한 일인지 모르겠지만, 「평화 국가」 일본에 대해 혐의를 가지고 경계하지 않으면 언제라도 일본은 「침략 국가」로 바뀔 수도 있다는 것을 여실이 드러내고 말았기 때문이다.

_4_
야마구치에서 느낀 일본문화

필자는 「평화선」에 의한 일본인 어민 피해 관련 조사를 하겠다는 것을 가장 중요한 이유로 하여 지난 1월 17일부터 21일까지 야마구치에 출장했다. 결과적으로 2015년 가후리에서와 같은 현지 거주 피해 어민과의 인터뷰는 성사되지 않았고 그 대신 시모노세키(下關)의 수산대학교 도서관과 야마구치 및 후쿠오카 현립도서관에서 자료를 조사하는 데 그쳤다. 그러나 이번 출장을 통해서 필자는 한일간 평화의 문제를 깊이 생각하는 시간을 가졌다. 특히 수산대학교 도서관 자료를 읽으면서, 우베(宇部) 탄광 수몰자 피해 해변을 거닐면서, 잊지 못할 혼자만의 추억을 만들 수 있었다.

2016년 야마구치 출장은 시모노세키 시립대학 기무라 겐지(木村健二) 교수의 교시에 큰 영향을 받아 계획되었다. 그는 야마구치현 역사편찬위원으로 재조일본인 연구의 권위자이면서도 야마구치현과 한국과의 역사에 다양한 글을 발표해 오고 있는 연구자다. 2016년 3월에 정년에 이르는 기무라 선생님은 공적인 자리에서나 사적인 자리에서 필자와 한일 간 전후처리 문제에 관한 대화를 많이 나눈 편이다. 야마구치의 센자키(仙崎) 항구는 해방직후 초기에 재일조선인과 재조일본인에게 가장 중요한 귀환 항구로 공통 관심 지역이었기 때문이다. 여기에다가 필자가 거주하는 부산과 그 분이 거주하는 시모노세키는 일제강점기에는 물론 전후 한일수교 직후에도 한일 간 민

시노모세키 수산대학교

간 교류의 거점이 되었던 곳으로 수많은 이야기 거리를 가지고 있기 때문이다.

한편 필자가 근래에 들어 「평화선」 문제에 관하여 연구 관심을 갖게 된 것은 이 문제가 1950년대 일본인들에게 한국을 혐오하게 하는 가장 큰 이슈가 되었기 때문이다. 그 시기 한일회담 일본의 수석대표 구보타 간이치로(久保田貫一郎)의 망언이나 재일동포의 북송 문제가 한일 양국 외교를 경색시키기도 했지만 「평화선」 문제는 그것들보다 훨씬 더 일본인들에게 혐한 분위기를 제공했다. 일본의 각종 언론은 한국정부가 일본인 어선을 「불법」으로 나포하고 일본인 어민을 「비인도적」으로 억류하고 있다고 대대적으로 보도함으로써 한국의 폭력성을 일본사회에 널리 알린 사건이기 때문이다. 예를 들어 필자가 소장한 『아사히 그래프』 1959년 6월 14일자는 1958년 6월 26일 한국 경비정에 의해 연행되어 가는 중에 바다에 뛰어들어 도망쳐 나와서 일본 순시선에 구조된 선원의 스토리를 소개하기도 하고, 귀환한 선박에 남은 총탄 흔적을 부각시키며 한국 경비정을 「바다의 무법자」라고 표현하기도 했다. 또한 한국에 억류된 어선 153척의 사진과 나포 지점을 지리상에 제시하기도 했다.

그런데 이번에 일본 수산대학교 도서관에서 필자는 잡지 『조수(朝水)』의 발행인이 일반 일본인의 혐한 분위기와는 다른 논조를 전개했다는 것을 확인하고 필자는 놀라움을 금할 수 없었다. 이 잡지는 재조 일본인 가운데 수산업에 종사하던 사람들이 패전 후 일본에 귀환하여 「조수회(朝水會)」라고 하는 단체를 결성하고 단체의 이름으로 발행한 기관지였다. 오랫동안 다케시마(竹島) 문제 연구고문의 직함을 사용하고 있는 후지이 겐지(藤井健二)는 이 잡지 제1호(1947년 1월)부터 제79호(1955년 12월)까지 내용을 분석하고, 「조수회」가 「평화선」 문제를 주목한 것은 사실이지만 대응 양상에 대해서는 잘 알 수 없다고 2007년 글에서 밝힌 바 있다. 그러나 필자는 이 잡지 내용을 읽어 본 결과, 후지이의 평가와는 다른 점이 많다는 것을 확인할 수 있었다. 특히 제78호(1955년 11월)에서 발행인 노가타 나오가즈(野方直一)는 오늘날에도 놀라울 정도로 당시 혐한 분위기와는 동떨어진 견해를 발표하고 있었다. 예를 들어 노가타는 이 책에서 다음과 같은 논조를 전개하고 있었다.

• 한국전쟁, 경제적 곤궁, 대일감정을 통찰한 후 인내를 가지고 평화선 문제 해결을 지켜봐야 한다 • 한국의 현상으로서 전쟁 후 빈궁, 높은 세금, 징병에 대한 불만, 정치 부패, 관료 기강 추락, 언론 탄압을 이해해야 한다 • 한국정부의 입장과는 달리 한국인들의 대일감정은 우호적이다 • 일본 어선의 범람은 한국 업자에게 가장 큰 위협이 되고 있다 • 서일본 고등어 건착망 어선 수가 1945년에 30척에 불과했으나, 1955년 현재에는 116척이나 된다 • 조선총독부 시절에도 어

족자원 보호를 위해 자주선 침범 트롤어선이나 저인망어선을 나포한 일이 있다 ●현재 평화선 문제는 일본정부가 어선을 범람시킨데 원인이 있다 ● 일본 건착망업자, 저인망업자 간 알력에 따른, 일치단결되지 않은 대응이 평화선 문제를 장기화 시키고 있다 ●일본 어업자들이 사실 이상으로 국민감정을 혐한으로 몰아가고 있다 ●한국 업자가 말하는 일본어선의 남획 진상을 이해하자 ● 한국 업자에게 평화선은 생명선이다 ●한국인의 말이 모두 진실은 아니겠지만, 일본인의 주관으로 한국인을 비판하면 오해를 초래한다 ● 한국 어민은 이승만의 강경 대응에 모두 찬동하지 않는다 ●억류 어민에 대한 한국인의 감정에서는 동정론이 우세하다 ●1954년 9월에 억류된 시모노세키(下關) 고등어잡이 어선 魚生丸 탑승 실습생에 대해 한국수산학교 학생이 위문했다 ●억류 중인 魚生丸 平漁丸 선장을 자신이 만났을 때, 의약품 차입(差入), 보증인 있으면 가료(加療) 가능하다는 것을 확인했다 ● 억류자에 대한 식량이 조잡하다고 하지만, 한국인 복역자에 비하면 나은 대우다 ● 억류자 2명이 탈주하여 일본에 무사 귀환했는데, 이는 한국인의 후의나 일본인 잔류자를 배반한 일이다 ●누군가 한국에 잔류하여 보증인이 되어, 환자들을 치료할 수 있으면 좋겠다 ● 한국 생선 수입을 금지하는 것은 평화선 대항 조치가 되지 않는다 ● 1952년 한국에서 수입한 생선은 3억 2천만 엔어치로 주로 삼치, 방어, 새우이며 시장에 영향이 미미하다 ● 친일적인 한국어민은 기본적으로 이승만의 '평화선' 강경정책에 반대한다 ● 일본측이 주장하는 3해리 영해설에 대해서는 일본내부에서도 비판 의견이 많다 ● 이승만을 상대하지 않지 않고 한국 어민과의 우호 증진을 통한 문제 해결에 임해야 한다…

또한 필자는 야마구치 출장 4일째, 야마구치에서 후쿠오카로 들어
가는 길에 우베시에 들렀다. 그 전날 야마구치 현립도서관에서 경험
한 폭설과는 달리 이날은 기온도 포근하고 날씨도 화창했다. 우베선
열차를 타고 도코나미(床波)역에서 내려 도키와(常盤)역까지 한나절
산책한 후 시모노세키로 들어갔다. 도코나미와 도키와 사이의 해변
에서는 과거 조세이(長生) 해저탄광의 흔적을 말해주는 두 개의 대형
통풍구「피어」(pier)를 쉽게 발견할 수 있다. 조세이 탄광은 1914년에
만들어진 것으로 한 때 800명 정도의 광부 노동자가 일했던 곳이다.
1942년 2월 3일, 낙반 사고로 노무자 183명이 수몰 희생을 당하면서
폐쇄되었다. 수몰 희생자 가운데는 조선인 노무자 136명이 포함되어
있었다. 희생자의 유골은 여전히 인양되지 않은 채 여전히 해저 갱도
안에 갇혀 있다. 사고 해역에서 200미터 정도 떨어진 곳에 1982년에
세워진 순난자 위령비가 서 있다. 여기에는 1993년부터 매년 한국에

조세이탄광의 통풍구

서 증언자와 유족 등이 방문하여 위령제와 필드워크를 실시하고 있다. 한국의 대일항쟁기 위원회는 조세이 탄광 수몰사고의 진상조사 보고서를 2007년에 발간했고 2015년 말에는 일본어판을 발간했다.

필자는 2016년 야마구치 출장을 통해서 한일 간 「평화」에 관한 다음 세 가지 인식을 더욱 더 분명하게 할 수 있었다. 첫째, 집단적으로 한편에 쏠리지 않고 개별적으로 균형을 이루는 사고가 존중되어야 한다. 이처럼 사회 전반에 걸쳐 개별적인 균형이 풍부하게 유지될 때, 그것을 우리는 「평화」라고 말할 수 있을 것이다. 집단 이념은 때때로 독립성을 유지하기 위해 필요하기도 하지만 집단 이념을 신성시하고 한 방향으로 구성원을 통제하고자 할 때, 「평화」는 훼손당하고 만다. 둘째, 중간자의 피해를 망각할 때 「평화」도 사라진다. 대체로 집단적인 분쟁이나 전쟁을 통해서 희생을 당하는 사람은 중간자이며 특히 가난하고 힘없는 민중이다. 우리가 「평화주의자」라고 일컫는 사람은 언제나 민중의 피해를 의식하고 지나친 이익을 추구하지 않는 사람이다. 물론 중간자라고 해서 모두 같은 견해나 이념을 가지고 있지는 않다. 하지만 중간자는 적어도 극단에 쏠리는 법이 없으며 「평화」를 위한 대화와 소통을 중요시한다. 셋째, 과거 역사에서 나타난 중간자 민중의 피해나 중간자의 목소리를 기록하고 교육해 가지 않으면 「평화」는 사라지고 만다. 결국 「평화」는 완성품이 아니며 기록과 교육을 통해 완성시켜가는 작품이다. 「평화」 만들기 작업의 일환으로서 우리는 오늘도 과거 전쟁 시기에 이루어진 강제동원의 역사를 끊임없이 파헤치고 새겨두고 있는 것이다.

_5_
구마모토의 2016년 대지진

　2016년 4월 일본 구마모토현(熊本県)을 중심으로 규슈(九州)지역 일대에 지진이 발생했다. 4월 14일 저녁 9시 26분 구마모토 지방을 진앙지로 하는 매그니튜드 6.5 규모의 큰 지진이 발생했으며 구마모토현 마시키마치(益城町)에서는 진도 7 규모의 지진이 관측되기도 했다. 이어 28시간 후에는 구마모토현과 오이타현(大分県)의 광범위한 지역에서 매그니튜드 7.3 규모의 2차 지진이 발생하여 1995년 효고현(兵庫県)에서 발생한 지진과 같은 규모를 나타냈다.[4] 인접한 지역에서 이처럼 대규모 지진이 연이어 발생한 사례는 일본의 근대사 이래 처음 발생한 것으로 일본 기상청 관계자는 16일의 지진이 본격적인 지진(本震)인지 그 이전 단계인지, 그 이후 단계인지 구별하기 어려워 뭐라고 단정지을 수 없다고 말했다.[5]

　구마모토현은 2016년 8월에 지진으로 쓰러진 건물에 깔렸거나 토사 붕괴에 말려들어가 사망한 사람이 합계 50명이라고 언론에 발표했다. 사망자 가운데 37명은 가옥 파괴에 따른 피해자이며 10명은 토사 붕괴에 따른 피해자라고 했다.[6] 그 후에도 구마모토현은 피해에 대한 보고를 확대해 갔고 그밖에 다른 지역에서도 지진으로 인한 피

---

4) 産経ニュース, 2016年 4月 17日.

5) 中日新聞, 2016年 4月 17日.

6) 西日本新聞, 2016年 8月 14日.

해 결과를 속속 중앙정부에 보고했다. 다음 표는 일본 소방청 응급대책실이 2017년 4월에 발표한 것으로 각 지방자치단체로부터 보고된 것을 이 시기에 정리한 것이다.[7]

〈구마모토 지진 피해 상황〉

지방	인적피해(명)			주택피해(동)			비주택피해(동)		화재(건)
	사망	부상		전괴	반괴	파손	공공건물	기타	
		중상	경상						
山口縣						3			
福岡縣		1	16		4	251			
佐賀縣		4	9			1		2	
長崎縣						1			
熊本縣	225	1130	1552	8688	33809	147563	439	10943	15
大分縣	3	11	22	9	222	8062		62	
宮崎縣		3	5		2	21			
합계	228	1149	1604	8697	34037	155902	439	11007	15

규슈지역에는 문화재가 산재해 있어 지진으로 인한 문화재 손상도 많았다. 2016년 5월 시점에 보고된 바에 따르면 규슈지역에서 지진으로 인한 문화재 손상이 총 300건을 넘겼다고 했다. 국가지정 문화재의 피해가 총 134건이었고 그 가운데 가장 많은 85건이 구마모토현에서 나왔다. 구마모토현과 구마모토시가 지정한 문화재 가운데 42건이 피해를 입었다고 보고되었다.[8] 유네스코의 자문기구로 문화재

---

7) 消防庁, 『熊本県熊本地方を震源とする地震(第101報)』(公表資料), 2017年, p. 3.
8) 産経WEST, 2016年 5月 11日.

구마모토 지진 피해

보존과 보호를 목표로 하여 활동하고 있는 「국제기념물유적협의회」 (ICOMOS)는 일본 지역 협회를 통해 2016년 5월 3일부터 6일까지 18명의 조사단을 파견하여 지진 피해 상황을 조사하게 하고, 곧 바로 5월 12일 조사 결과와 함께 문화재 보호의 필요성을 긴급 발표하게 했다.[9] 이때 국가 지정 문화재가 총 134건, 지방자치단체 지정 문화재가 총 230건, 따라서 총 364건이 지진으로 피해를 입었다고 했다. 이 단체는 긴급 발표를 통해 특히 국가 지정 문화재인 구마모토성에서 여러 곳 돌담이 무너졌고 일부 건물이 부서졌다고 했으며, 아소신사 건물과 구마모토 양학교 교사관저, 에토케(江藤家) 주택, 스이젠지 죠주엔(水前寺成趣園) 정원 등을 거론하며 그 피해 상황과 함께 일본정부의 긴급 지원을 촉구했다.

구마모토 지역은 문화재와 함께 관광자원을 많이 가지고 있어 외국

---

9) 日本イコモス国内委員会事務局, 『熊本地震で被災した文化財等の保存に向けた緊急アピール』, 2016年 4月 16日, pp. 1-2.

지진으로 일부 훼손된 구마모토성

인들이 많이 찾는 지역이다. 규슈 운수국에 따르면 2015년 규슈지역의 공항과 항구를 통해 입국한 외국인 수는 2014년 대비 69% 증가한 약 283만 명으로 4년 연속 사상 최고치를 경신했다. 이 중 한국인이 40%를 넘게 차지했으며, 중국과 대만을 비롯한 아시아지역에서 방문하는 관광객이 70%를 차지했다. 그런데 이 지진으로 규슈 지역의 최소 15개의 숙박시설이 피해를 입었으며 구마모토성이 훼손되는 등 관광시설의 피해가 컸다. 중국 외무성은 4월 16일 중국 국민에 대해 5월 16일까지 구마모토현으로 출국하는 것을 금지했으며, 규슈 지방으로의 출국도 자제할 것을 촉구했다. 홍콩도 구마모토현으로 출국하는 것을 억제했으며 한국에서도 구마모토 나아가 후쿠오카로 나가는 여행의 예약을 취소하는 일이 빈번히 발생했다.[10]

특히 구마모토는 한국과 거리가 가깝고 비용이 저렴하다는 이유로 한국인들이 많이 찾는 곳이다. 따라서 한국으로서는 구마모토 지진

---

10) 熊本日日新聞, 2016年 5月 3日.

에 대해 민감한 반응을 보일 수밖에 없었다. 제1차 지진이 발생하자 곧 바로 한국의 윤병세 외교부 장관은 기시다 후미오(岸田文雄) 외상에게 지진 희생자의 애도를 비는 메시지를 보냈다. 그리고 한국 외교부는 구마모토 지역에 재류하고 있는 한인을 지원하기 위한 지원팀을 후쿠오카에 파견했다.[11] 후쿠오카 주재 한국 총영사관은 구마모토현과 오이타현에 발이 묶인 한국인 관광객 등을 후쿠오카 공항으로 이송하기 위해 버스를 준비하여 내보냈다. 이어 4월 18일 박근혜 대통령이 아베 총리에게 위문 전보를 보냈으며, 22일에는 외교부를 통하여 재난지역 피해자의 지원을 위하여 10만 달러 상당의 구호물자를 보냈다. 이날 한국 공군 소속 수송기 2대가 구마모토 공항에 도착했으며 일본의 자위대 소속 부대원들을 통해 한국의 구호물자가 각 피해 지역에 배송되었다.[12]

지진 피해지역은 중국인 관광객이 많이 찾는 곳이기도 하다. 따라서 중국도 구마모토 지진에 대해 즉각적인 대응을 보였다. 중국의 외교부 보도국장은 4월 16일 사망한 사람들에 대한 애도와 유족과 부상자에 대한 위문을 나타내는 담화를 발표하고 일본정부에 위문 메시지를 보냈다. 그 뿐 아니라 18일 시진핑(習近平) 국가주석이 일왕에게, 20일에는 리커창(李克強) 수상은 아베 총리에게, 각각 위문 전보를 보냈다. 도쿄에 주재하는 정영화(程永華) 중국 대사는 23일 직접 구마모토를 방문하고 구마모토 현지사에게 피해지역에 대해 52만

---

11) 時事通信, 2016年 4月 16日.

12) 每日新聞, 2016年 4月 22日.

달러 상당의 구호물자를 제공하겠다고 약속했다.[13]

규슈지역의 공항이나 고속도로, 신칸센 철도 등의 운행 중단으로 부품 조달이 막히게 되자 조업을 일시 중단하는 공장들이 속출했다. 규슈지역 신칸센은 1차 지진이 발생한 14일 밤부터 운행 중단에 들어갔고 규슈 지역 곳곳의 고속도로도 통행이 중단됐다. 여기에다가 16일의 2차 지진으로 구마모토 공항은 터미널 건물 천장이 붕괴되어 영업을 중단했고 일본항공(JAL)이나 전일본공수(ANA) 등 모든 항공편이 결항되었다. 규슈지역에서 생산되는 자동차는 일본 전체의 10% 이상을 차지하고 있다. 지진으로 인하여 렉서스 등을 생산하는 규슈지역 도요타 자동차 공장은 밖으로부터 부품 조달이 중단되어 일찍이 16일에 조업을 중단해야 했다. 미쓰비시 자동차도 구마모토현 내의 거래처 공장이 지진 피해를 입자 오카야마현(岡山県) 구라시키시(倉敷市)에 위치한 공장의 가동을 18일 밤부터 19일까지 중단하기로 했다. 또한 소니의 반도체 생산 라인에도 차질이 생겼다. 지진 피해지역 주변에 여러 개의 화상용 반도체 제조공장을 가지고 있기 때문이다. 또한 규슈지역의 유일한 정유소 JX에너지 오이타 정유소도 출하 정지와 수송 지연에 따른 피해를 입었다.[14]

또한 규슈지역은 일본 최대의 토마토 생산 지역으로 꼽히는 등 과일 생산지로 유명하다. 그런데 지진 피해로 인하여 과일 출하가 크게 줄어들었다. 일본경제신문은 과일 도매업체인 오사카 중앙청과 관계자의 말을 인용하여 1차 지진으로 일찍이 4월 16일에 구마모토현

---

13) Tencent, 2016年 4月 26日.

14) 毎日新聞, 2015年 4月 18日.

내 구마모토시 및 야쓰시로시(八代市), 우키시(宇城市) 농협이 토마토 출하를 중단했다고 했다.[15] 2016년 4월 18일 도쿄 증권시장에서는 구마모토 지진에 따른 피해에 대한 우려로 당일 주식 종가가 572엔 급격하게 떨어지기도 했다.[16] 일본 내각부는 2016년 4월 21일 『월례경제보고』를 통해 이들 피해지역에서의 생산 활동 정체가 일본경제의 회복에 악영향을 끼치고 있다고 설명했다.[17]

구마모토 지진은 지리적으로 인접한 한국에서도 감지되었다. 특히 필자가 거주하고 있는 부산지역이나 인근 한반도 남부지역의 주민들은 이때 땅과 건물이 흔들리는 것을 느낄 수 있었다. 따라서 이 지역의 언론들은 구마모토 지진에 대해 민감한 반응을 보였으며 같은 시기 부산에서도 진도 3 규모의 여진이 발생했다고 전하고 부산지역도 이제 더 이상 지진의 안전지대는 아니라는 주장을 내놓았다.[18] 주지하는 바와 같이 한국은 2016년 9월 경주시에서 발생한 매그니튜드 5.8 규모의 관측 사상 가장 큰 지진을 겪었다. 전문가들 대부분은 구마모토 지진과 경주 지진과의 상관관계를 부정하는 견해를 제시하고 있는데, 홍태경 연세대 교수와 같은 전문가는 두 지진 모두 동일본대지진 이후 태평양판의 운동이라는 같은 원동력 때문에 발생한 것으로 보아야 한다는 주장을 펼치고 있다.[19]

---

15) 日本經濟新聞, 2016年 4月 16日.

16) 朝日新聞デジタル, 2016年 4月 18日.

17) http://www5.cao.go.jp/keizai3/getsurei/2016/0421getsurei/main.pdf

18) 부산일보, 2016년 4월 16일.

19) 한국일보, 2017년 7월 14일.

_6_
일본인 사상가 쓰루미 슌스케

2015년 7월 20일 쓰루미 슌스케(鶴見俊輔) 선생께서 93세의 나이로 폐렴을 앓다가 세상을 떠났다. 필자는 도쿄로 출장가기 위해 김해공항에서 악천후로 지연되는 항공기를 기다리는 가운데 인터넷을 통해서 이 보도를 접했다. 지난 2005년에 그의 저서 『전시기 일본정신사 강의 1931~1945년』(戰時期日本の精神史: 1931~1945年)을 한국어 번역본으로 출간하면서 그의 사상에 심취하게 되었고 평소에도 그를 깊이 존경하고 있었다. 번역서는 한국어로 『전향』이라는 제목을 달았는데, 이 책은 한국과 일본에서 대표적인 사상사에 관한 강의록으로 꼽히고 있다. 그의 서거는 일본에서 안보법안이 중의원을 통과하는 시점에 일본 사상계의 큰 별이 떨어진 것을 의미한다. 그는 현대 일본의 사상가들이 강인하다고 하는 것을 상징하는 저명인사 가운데 한 사람이었다. 과거 전쟁과 사회적 억압을 몸소 체험하고 난 후, 「사상의 자유」를 사회운동 실천을 통해 구현하고자 노력한 인물이었기 때문이다. 2015년 일본사회를 떠들썩하게 한 안보법안이 정치권에서 진지한 토의 없이 통과되고 패전 70주년을 맞아 「평화」의 소중함보다는 과거 연합국의 잔학성만을 강조하는 서적들이 일번서점에 판을 치고 있는 상황에서 또 한 명의 일본인 지성인이 사라진 것이다.

한국의 MK뉴스는 아사히신문 기사를 인용하여 「평화헌법」 수호와 「탈(脫) 원전」을 주장했으며 자위대의 해외 파병에 반대한 일본 철학자 한 명이 세상을 떠났다고 보도했다. 쓰루미 선생은 1922년 도쿄에서 태어났으며 하버드대에서 철학을 전공했다. 그는 1960년 기시 내각이 미일 안보조약 개정안 비준 강행에 항의하여 재직 중이던 도쿄 공대를 사직했다. 이후 미국의 베트남전쟁 반대 운동에 참여했으며 2000년대에 들어서도 미국의 아프가니스탄 · 이라크 전쟁, 자위대의 해외 파견 등을 반대하는 데모에 참여했고 「전쟁반대」를 외치는 글을 지속적으로 발표했다. 또한 2004년에는 작가 오에 겐자부로(大江健三郎) 등과 함께 「평화헌법 9조를 수호하는 모임」을 설립하는 데 호소인으로 참여했다. 2011년 동일본 대지진 이후에는 일본의 탈 원전을 요구하는 사회운동을 전개해 왔다.[20]

쓰루미 선생은 일본의 대표적인 철학자 · 평론가 · 정치운동가 · 대중문화연구가이며 미국의 실용주의(pragmatism)를 일본에 소개한 사람으로 유명하다. 1996년에 별세한 정치사상가 마루야마 마사오(丸山眞男)나 2006년에 별세한 경제학자 쓰루 시게토(都留重人) 등과 함께 전후 일본의 진보적 문화인을 대표하는 인물이었다. 그는 어린 시절을 도쿄 아자부(麻布)에서 보냈는데 남달리 부유한 집안과 풍요로운 경제환경 가운데 자란 것으로 유명하다. 그의 부친 쓰루미 유스케(鶴見祐輔)는 일제시기 대표적인 국회의원으로서 네 차례나 중의원 총선거에서 당선되었고 참의원 의원에도 세 차례 당선되었다. 그의 모친 아이코(愛子)는 일본제국 시기 만주철도 초대총재를 지내고 외무대신과 각종 대신 직책을 역임한 고토 신페이(後藤新平)의 손녀였다. 슌스케보다 4살 위 누나인 가즈코(和子)는 비교사회학 연구자로 생전에 민속

---

20) MK뉴스, 2015년 2015년 7월 24일.

학에 관한 다양한 글과 강의를 남겼으며 현지 주민에 의한 「내재적 발전론」를 주장하는 등 비교적 자유주의적인 학풍을 지녔던 것으로 알려지고 있다.[21] 다만 가풍이 오히려 그에게 반항아 기질을 키우게 하는 환경이 되기도 했다. 특히 그의 모친은 장남 슌스케가 어린 시절에 정규적인 학업을 소홀히 하는 것을 못마땅하게 여기고 그에게 학대에 가까울 정도로 폭력을 휘두른 것으로 알려지고 있다.[22]

1937년 말에 미국으로 건너갔으며 1939년에 하버드 대학에 합격했다. 재학 중이던 1942년 3월 FBI에 체포되어 메릴랜드 수용소에 억류되었다가 이 때 졸업논문을 완성하여 그 해 대학을 졸업했으며 1942년 미일교환 선박을 타고 일본으로 귀환했다.[23] 귀국하자마자 징병검사를 받아 제2 을종에 합격했으나 육군으로 소집되는 것을 피하기 위해 해군 군속 독일어 통역요원으로 지원하여 1943년 3월에 인도네시아 자바섬에 부임했다. 자카르타 주재 해군무관 사무소에서 1년 이상을 복무하면서 주로 연합국의 라디오 방송을 청취하고 그 내용을 정리하는 일에 종사했다. 건강이 악화되어 1944년 12월 초 일본으로 후송되었고 결핵성 복막염으로 아타미(熱海)에서 요양생활을 보내다가 패전을 맞았다.[24] 그는 패전직후 건강이 쉽게 회복되지 않

21) 「ウィキペディア: フリー百科事典」, https://ja.wikipedia.org/wiki/鶴見和子

22) 宮城哲, 「鶴見俊輔研究序説: 〈自己〉・〈サークル〉・〈老い〉の問題群をめぐって」『東京大学大学院教育学研究科基礎教育学研究室研究室紀要』40号, 2014年 9月, pp.219-221.

23) 鶴見俊輔, 加藤典洋, 黒川創, 『日米交換船』, 東京: 新潮社, 2006, pp. 292-296.

24) 石塚義夫, 『鶴見祐輔資料』, 東京: 講談社出版サービスセンター, 2010, pp. 217-219.

는 가운데 누나 가즈코의 헌신적인 간병을 받으며 사상연구를 계속했다. 1946년 슌스케와 가즈코를 비롯하여 마루야마, 쓰루 등 7명이 「사상의 과학연구회」를 결성하고 잡지 『사상의 과학』을 창간했다. 이 모임은 1962년에 3권짜리 『공동연구 전향』을 세상에 내놓게 된다.[25]

필자는 2005년에 우리말 번역서를 펴내면서 쓰루미의 사상에 대해 다음과 같이 기록한 일이 있다. "쓰루미는 일본에서 뿐 아니라 한국에서도 현대사상 관련 학계에 널리 알려진 인물이다. 한국에서는 1930년대 사회주의 운동을 연구하는 사람들이 그의 전향에 관한 연구를 널리 참고하고 있다. 일본이 중국에서 전쟁을 확대해가며 국가주의를 국민들에게 고취시키고 있을 때 저자는 불량소년으로서 반듯이 자라나지 못하고 아버지의 권유로 미국 유학을 떠나면서 대학자로서의 기반을 쌓기 시작한다. 국가에 의한 이념과 체제가 자유를 추구하는 한 소년에게 억압으로 작용했음에 틀림없고 1930년대 미국은 이런 소년에게 있어 생각과 행동의 자유를 만끽하기에 충분한 공간이었음에 틀림없다. 이처럼 소년 시절에 경험한 자유와 억압은 그로 하여금 평생에 걸쳐 사상의 자유를 구가하게 했다."

쓰루미는 전후에 들어 「평화」의 관점에서 국제전쟁과 관련한 일본과 미국의 국가정책을 비판해 왔으며 일본인들의 무비판적 태도에 대해서도 비판을 계속해 왔다. 그의 논지에 따르면 일본에는 소위 「미국통」이라는 사람들이 많이 있어서 이들이 국제적 전쟁의 정당성과 자위대 파병의 필요성을 주장하고 있는데 그들이 내세우는 논리는 결국 민주주의 국가 미국이 하는 일이기 때문에 정당하다는 것이다. 그

---

25) 「ウィキペディア: フリー百科事典」, https://ja.wikipedia.org/wiki/思想の科学研究会.

쓰루미 선생의 서거 소식

러나 그는 이제 미국이 민주주의 국가가 아니라 점차 전체주의 국가로 되어 가고 있다는 것과 일본의 지식인들이 이를 간과하고 있다는 것을 비판했다. 본래 역사적으로 국가의 보호 아래 성장해 온 일본의 지식인들은 깊은 뿌리를 갖지 못할 뿐 아니라 책임이나 자각도 없다고 했으며 그래서 전쟁이 터지면 금방 변절하고 만다고 덧붙였다. 따라서 그는 근래의 반전운동이나 시민운동에서도 일본인 지식인들을 의지해서는 안 된다고 했다. 진정한 비판을 위해서는 개개인이 자신의 깊은 곳에 우물을 파고 자신의 두레박으로 자신이 물을 퍼 올려야 하며 이런 개인들이 한 사람이라도 늘어나야 한다고 했다.

다만 쓰루미로부터 강한 신념이나 이념적 속성을 찾으려고 하면 자칫 허탈한 결과를 얻기 쉽다. 예를 들어 그가 일제의 조선 식민지 통치에 대한 반성을 주장했다고 하여 그에게서 '철저한 반성에 의한 정책 제시'까지 찾으려고 하는 것은 무리이다. 그는 일본제국의 편향된 국가주의에 대한 반성에서 식민지 지배를 반성한 것이지 식민지 피해를 입은 조선인의 입장에 서서 이를 실존적, 정책적으로 실현하고자 하는 「부자유함」에 자신을 맡긴 일은 없다. 이는 대부분의 일본인 지식인들이 가지고 있는 특징이며 한계이기도 하다. 결국 이러한 사상가들의 논조는 학문의 대상이며 신앙의 대상은 되지 못한다고 하는 평범한 진리에 귀착될 수밖에 없다.

_7_
요시하라 이사무, 『끌어내려진 일장기』 독후감

　필자는 요시하라 이사무(吉原勇)의 책 『끌어내려진 일장기』[26]를
2015년 8월 후쿠오카 시내에 있는 서점에서 구입했다. 규슈대학 신
호(申鎬) 연구자와 대화를 나누는 가운데 나온 교시에 따른 것이다.
구입 이후 차일피일 미뤄오면서 정독하지 못하다가 2015년 10월 서
울에 다녀오는 출장길에서 읽기를 마쳤다. 경제부 기자를 역임한 저
자는 자신의 어린 시절에 패전을 맞이하며 스스로 경험한 것을 회고
한다는 형식을 이용하여 관련 자료를 면밀하게 조사하여 서술해 내
고 있다. 해방 직후 인천의 동향을 실증적으로 서술한 독창성 높은 작
품이라고 평가할 수 있다.

　저자 요시하라는 8살 시절이던 1945년 8월 13일에 인천에서 일장
기를 끌어내리고 조잡하게 만들어진 태극기를 게양했다고 하여 한
조선인 청년이 경찰에 체포되었다고 하는 에피소드로부터 본론을 시
작하고 있다. 그의 회고 기록을 그대로 신뢰한다면, 일왕이 정식으로
포츠담 선언을 수락한다고 정규 방송을 하기 이틀 전에, 이미 인천에
서 조선인의 「불온한」 움직임이 있었다는 것을 말한다. 이미 8월 9일
부터 한반도 북부에 소련군이 참전해 들어왔기 때문에 태극기가 한
반도에서 일반에게 모습을 내보이는 것은 8월 15일 이전부터 있었을

---

26) 吉原勇, 『降ろされた日の丸: 国民学校一年生の朝鮮日記』, 東京: 新潮新書,
　　2010年.

『끌어내려진 일장기』

것으로 생각할 수도 있다. 하지만 조선총독부가 버젓이 권력을 휘두르고 있던 시기에, 서울에서 그다지 멀지 않은 인천에서 해방 이전에 태극기가 공개적으로 게양되었다고 하는 것은 놀랄만한 일이 아닐 수 없다.

또한 이 책은 해방직후 인천에 관한 흥미로운 에피소드를 많이 담고 있다. 이미 해방직후 인천의 일본인 동향에 대해서는 인천 세화회 회장을 역임한 오타니 마스지로(小谷益次郎)가 1952년에 비매품으로 회고록을 편찬한 일이 있다.[27] 그런데 오타니의 책에 비해서 요시하라는 재조일본인 민중의 입장을 보다 더 선명하게 제시하고 있다. 일본 패전 당시 인천 공립 아사히(旭) 국민학교 1학년 학생이던 저자는 자신이 목격한 것을 일기에 담았다고 한다. 이 책이 연구계에 기여할 수 있는 서술 가운데는, 재조일본인 관료에 대한 봉급 체계로서의 가봉제가 식민정책에서 주효했다는 점, 인천 세화회가 연합군 상

---

27) 小谷益次郎, 『仁川引揚誌: 元仁川在住者名簿』福岡: 大起産業株式會社, 1952年.

륙을 앞두고 일본인 여성에 의한 위안 시설을 계획했다는 점, 인천항에 진주하는 미군의 위용, 미군 일부가 일반 여성에게 성적인 폭행을 가했다는 점 등을 들 수 있지 않을까 한다.

다만 이 책은 일본인 어린이의 회상을 중심으로 하여 엮어졌기 때문에 조선인이 아닌 일본인 중심의 서술이라고 하는 근본적인 한계를 가지고 있다. 여기에다가 이 책에는 일본군이 등장하지 않는다. 해방 후 한 달이 되어 급격하게 치안이 악화되는 것을 경찰의 행정력 저하에만 집중하여 해석하고 있다. 어차피 이러한 이유 찾기는 어릴 때의 일기를 어른이 되어 실증적으로 분석한 결과가 아닐까 한다. 그렇다면 연합군 진주와 함께 일본군이 무장해제된 것은 한반도 백성에게 「해방」을 실감하게 하는 가장 중요한 원인이 되었다고 해석해야 한다고 생각한다. 결과적으로 한반도 백성들의 절제되지 않은 해방감이 도가 지나쳐 일부 조선인 젊은이들이 「잔류」 일본인에게 무소불위의 폭력을 행사하는 무질서 상황으로까지 이어진 것이다. 일본군의 존재를 배경으로 하여 식민지 통치를 강행해 온 일본제국이 일본군의 무장해제와 함께 민중의 참혹한 고통을 초래했다고 보는 것이 옳을 것이다.

_8_
다무라 쇼지, 『구름봉우리』 독후감

2015년 11월 필자는 다무라 쇼지(田村照視)의 시집 번역본 『구름봉우리』[28]를 읽었다. 이 책은 일본영화학교 출신 감독인 고명성(高命成)씨가 번역한 시집이다. 원작은 2013년에 오사카에 소재한 다케바야시관에서 출간되었다.[29] 일제 시기에 재조일본인의 생활환경이 얼마나 풍족한 것이었는지 잘 이해하게 하는 작품이다. 이 시집의 저자 다무라 쇼지는 1936년 도쿠시마현에서 출생했다. 그는 한 살 때 부친의 국민학교 교사 부임에 따라 한반도로 건너왔다. 어린 시절을 보낸 곳은 황해도 옹진군 교정면 송림1구. 그의 부친은 교정 국민학교에서 교장 선생님을 담당했다. 그는 패전 전에는 이곳에서 유복하게 생활했으나 패전 이후 소련군의 만행을 목격하고 일본으로 귀환하는 과정에서 숱한 수난을 겪었다. 필자는 일본인의 귀환 과정을 보완하면서 이 책의 내용을 정리하고 요약하고자 한다.

저자 다무라는 1945년 12월 엄동설한에 옹진군을 떠나 인천 동봉원사 별원으로 피난했다. 이것은 인천의 일본인세화회가 지정한 피난민 대기소였다. 이 책에서는 인천지역 위원회라고 기술하고 있는

---

28) 다무라 쇼지, 고명성 역, 『구름 봉우리: 나의 제2차 세계대전』, 서울: 논형, 2015년.

29) 田村照視, 『雲の嶺: わたしの第二次大戰: 田村照視詩集』 大阪: 竹林館, 2013年.

『구름봉우리』

데 필자는 세화회가 맞을 것으로 생각한다. 왜냐하면 일본 패전직후 8월 하순부터 거주 일본인을 보호하는 일과 38도선 이북 지역으로부터 도피해 오는「전재자」를 원호하는 일은 인천지역 일본인세화회가 조선총독부의 재정 지원을 받아가며 공식적으로 또한 일괄적으로 담당했기 때문이다. 인천지역 세화회의 조직과 활동을 기록으로 남긴 오타니 마스지로(小谷益次郞)는 세화회 기구에 대해 다음과 같이 기술하고 있다. 1945년 8월 26일, 가토 헤이타로(加藤平太郞)를 회장으로 하고 모리 히데오(森秀雄)와 오타니를 부회장으로 하여 세화회가 출범했는데, 가토와 모리가 일본으로 귀환해 감에 따라 1946년 1월 8일부터 패전 때 인천부회의 부회장이었던 오타니가 회장을 담당하고 부회장에는 주지스님이던 오카모토 요시소라(岡本宜空)가 담당했다고 한다.[30]

아무튼 이들은 1945년 12월 22일 부산항에서 집결했다. 거기에는

---

30) 小谷益次郞, 『仁川引揚誌: 元仁川在住者名簿』福岡: 大起産業株式會社, 1952年, p. 17.

천 명이 넘는 일본인들이 모여 귀환선을 기다리고 있었다. 이튿날 그는 귀환선 도쿠쥬마루(德壽丸)를 타고 부산항을 떠나 하카타 항구에 귀환했다. 당시 도쿠쥬마루 선박은 악취로 가득했다고 했다. 이 선박은 9월초부터 부산항과 하카타항을 왕래하며 일본인 귀환자와 한인 귀환자를 가득 실어나르는 선박으로 지정되었기 때문이다. 저자 다무라는 하카타역에서 산요(山陽)본선 열차를 타고 고향 도쿠시마(德島)를 향해 갔다. 화물운반 차량에 몸을 싣고 귀향하는 과정에 대해 그는 다음과 같이 기억했다.

어둑어둑해지고
어머니가 하카타역에서 산 저녁식사
도시락을 나눠주었다.
뚜껑을 열고 놀랐다.
기대하고 있던 도시락 안은 쓰레기로 가득했다.
어머니에게 그 사실을 알리자
"그건 보리밥이란다"
몰랐다 이 세상에
보리밥이 있다는 것을...

참고문헌

국민대학교일본학연구소, 『평화선 · 북송 · 6차회담: 예비교섭 · 청구권』, 동북
　　　아역사재단, 2008년.

김민철 등, 『군함도, 끝나지 않은 전쟁: 군함도에서 야스쿠니까지, 강제동원
　　　100년의 진실을 밝히다』, 생각정원, 2017년.

다나카 소이치, 『이키에서 보는 한일 문화교류: 이키와 쓰시마의 비교』, 대구사
　　　학회, 2008년.

다무라 쇼지, 『구름 봉우리: 나의 제2차 세계대전』, 논형, 2015년.

서울국제법연구원, 『평화선 선언 60주년 국제세미나』, 서울국제법연구원,
　　　2011년.

쓰루미 슌스케 외, 『사상으로서의 3 · 11』, 그린비출판사, 2012년.

이인애, 『확대경: 일(日) 구마모토현 지진, 해운항만 여파와 복구노력』, 한국해
　　　사문제연구소, 2016년.

지철근, 『평화선』, 범우사, 1979년.

최영호, 『일본인세화회: 식민지조선 일본인의 전후』, 논형, 2013년.

한수산, 『군함도: 한수산 장편소설』, 창비, 2016년.

鶴見祐輔, 『전향: 전시기 일본정신사 강의 1931~1945년』, 논형: 2005년.

石塚義夫, 『鶴見祐輔資料』, 東京: 講談社出版サービスセンター, 2010年.

小谷益次郎, 『仁川引揚誌: 元仁川在住者名簿』, 大起産業株式會社, 1952年.

高島町教育委員会, 『端島(軍艦島)』, 高島町教育委員会, 2004年.

鶴見俊輔, 加藤典洋, 黒川創, 『日米交換船』, 新潮社, 2006年.

長崎県立対馬歴史民俗資料館, 『対馬歴史民俗資料館報』, 長崎県立対馬歴
　　　史民俗資料館, 1978年.

長崎在日朝鮮人の人権を守る会, 『軍艦島に耳を澄ませば: 端島に強制連行
　　　された朝鮮人・中国人の記録』, 社会評論社, 2016年.

西川清, 『朝鮮總督府官吏最後の証言』, 桜の花出版, 2014年.

日韓漁業対策本部, 『李ライン問題と日本の立場』, 日韓漁業対策本部,
　　　1953年.

日本臨床検査医学会熊本地震対策委員会,『熊本地震における臨床検査支
　　援活動』,日本臨床検査医学会熊本地震対策委員会, 2017年.
毎日新聞西部本社,『熊本地震: 明日のための記録』,石風社, 2017年.
吉原勇,『降ろされた日の丸: 国民学校一年生の朝鮮日記』,新潮新書,
　　2010年.

Ⅲ. 일본의 정치문화

_1_

2014년 일본 중의원 선거

2014년 12월 14일에 실시된 일본의 중의원 선거에서 연립여당이 압도적인 승리를 거뒀다. NHK의 개표 집계 결과 전체 475석(소선거구 295명 · 비례대표 180명) 가운데 연립여당인 자민당(종전 295석)과 공명당(종전 31석)은 합쳐 325석(자민 290석 · 공명 35석)을 획득했다. 선거 전 의석수(326석)와 거의 어깨를 나란히 한 연립여당은 전체 475석 가운데 '3분의 2(317석)' 의석을 확보했다. '3분의 2' 의석은 중의원을 통과한 뒤 참의원에서 부결된 법안을 중의원에서 재의결해 성립시킬 수 있는 의석수다. 집권 자민당은 당의 역대 중의원 선거 사상 최다 의석(300석)은 달성하지 못했지만 단독 과반(238석)은 물론 중의원 내 모든 상임위에서 위원장 및 위원의 과반을 확보할 수 있는 이른바 '절대안정 다수(266석)'를 훌쩍 넘겼다.

이번 선거의 투표율은 전후 최저인 52%대(교도통신 · NHK 추산치)를 기록했다. 이는 과거 최저 투표율을 보인 2012년 총선(소선거구 59.32 %, 비례 대표 59.31%)에 비해서 약 7% 포인트 떨어진 것이다. 명분 없는 국회 해산이라는 비판 속에 치른 선거에서 압승한 아베 총리는 총리직 유지는 물론, 총 임기 5년 이상의 장기 집권으로 가는 길을 확실하게 열었다. 또 집단 자위권 법제화를 시작으로 최종 목적지인 평화헌법 개정까지 넘보는 아베 총리의 '전후체제(2차대전 패전 이후 연합국 점령기에 형성된 평화헌법 체제)' 탈피 행보도 탄력을 받

일본 중의원 본회의장

을 전망이다. 더불어 아베 총리가 아베노믹스에 대한 중간평가로 이번 선거의 성격을 규정한 만큼 대규모 금융완화와 재정 동원, 원전 재가동 등 기존 경제 · 에너지 정책을 고수할 전망이다.

아베 총리는 연립여당의 압승이 확실해지자 투표일 당일 밤 방송사들과 진행한 인터뷰에서 "국민으로부터 2년 동안의 아베 정권에 대해 신임을 받았다"고 결과를 자평했다. 그는 앞으로 국정운영에 대해 "먼저 경제 최우선으로 임할 것"이라고 밝힌 뒤, "안전보장법제를 2015년 1월에 열리는 정기국회에서 확실히 정비하고 싶다"고 말하며 집단자위권 행사를 위한 법률 정비에 의욕을 보였다. 아베 총리는 또 헌법 개정에 대해서 "나의 큰 목표이며 신념"이라고 밝힌 뒤 국민적인 이해를 얻고 싶다고 부연했다. 특이한 결과로 오키나와현(沖繩縣) 소선거구에서는 모두 패배했으나 이들이 규슈를 포함한 비례 블록 선거구에서 승리한 점을 들 수 있다. 때마침 미군기지 이전 문제를 둘러싸고 오키나와에서 여당 자민당에 대한 여론이 전반적으로 악화된 상황에서 후텐마(普天間) 기지의 현내 이전에 반대하는 통일세력 「All

Okinawa」는 야당 무소속으로 현내 4개 선거구에 출마하여 모두 자민당 후보를 물리치고 당선되었다. 그러나 이처럼 소선거구에서 패배한 자민당 후보 포함 9명이 전원 비례 블록 선거구에서 부활 당선되는 진귀한 사태가 발생했다.[1]

한편 선거 전 62석으로 제1야당이었던 민주당은 선거 결과 73석을 차지하며 의석수를 약간 늘리는 데 그쳤다. 민주당은 2016년 3월 유신당과 합당하여 민진당으로 당명을 바꾸어 오늘날에 이르고 있다. 자민당이 보수 중도 우파를 이념으로 내세우고 있는데 반하여 민진당은 민주당 때와 마찬가지로 자유 중도 좌파의 이념을 내세우고 있다. 아무튼 민주당은 2012년 12월 중의원 선거, 2013년 7월 참의원 선거에 이어 2014년 12월 중의원 선거에 이르기까지 세 차례 선거에서 잇달아 자민당 의석의 3분의 1에도 못 미치는 성적을 거둠으로써 일본 정치의 자민-민주 양당 구도는 사실상 깨진 것이 아닌가 하는 평가가 지배적이다. 여기에다가 선거 때 민주당 대표를 담당하고 있던 가이에다 반리(海江田万里)가 소선거구에서 패배했을 뿐 아니라 비례대표에서까지 낙선함으로써 야당 제1당의 면목을 잃게 했다. 이처럼 야당 제1당의 현직 당수가 총선거에서 패배한 것은 1949년 중의원 선거에서 일본사회당 위원장 가타야마 테쓰(片山哲) 이래 65년 만의 일이다.[2]

---

1) 読売新聞, 2014年 12月 17日.
2) 毎日新聞, 2014年 12月 15日.

〈2017년 7월 현재 중의원 정당별 의석수〉

정당	의석수	여성의원
전체	475	43
자민당	291	25
민진당	94	8
공명당	35	3
공산당	21	6
유신회	15	0
자유당	2	0
사회민주당	2	0
무소속	13	1
결원	2	

_2_

2016년 일본 참의원 선거

일본의 참의원은 중의원과는 달리 임기 6년에 3년마다 전체 의원의 절반을 선출한다. 2016년 7월에 치러진 참의원 선거는 자민당은 56석, 공명당은 14석을 얻어 연립여당의 대승으로 끝났다. 연립여당을 구성하고 있는 이 두 정당이 합계 70석을 차지함으로써 개선(改選) 의석 121석의 과반수를 획득하는 결과를 가져온 것이다. 민주당과 유신당과 합당하여 새로 결성한 제1 야당 민진당은 2016년 참의원 선거에서도 연립 여당의 과반수에 못 미치는 32석을 얻는 데 그쳤다. 반면에 자민당은 비개선(非改選) 의석을 합하면 절반 의석인 121석을 확보했는데 선거 이후 입당한 의원을 포함하면 27년 만에 참의원에서 단독 과반수 의석을 차지했다. 자민 · 공명 양당 이외에 오사카유신회(大阪維新会)와 '일본의 마음을 소중히 하는 당'을 포함한 4개 정당은 헌법 개정에 적극적인 입장을 보이고 있다. 이 4개 정당의 획득 의석수 161석에다가 헌법 개정에 찬성하는 무소속 의원 4명을 합하면 165석으로 되어 개헌안 국회발의에 필요한 전체 3분의 2 이상이 된다.

2016년 참의원 선거결과 정당별 획득 의석수는 오른쪽 페이지의 표와 같다.

2016년 일본 참의원 선거에서는 선거권 연령이 기존 만 20세 이상에서 만18세 이상으로 낮아진 후 치러진 첫 번째 국정선거로서 주목을 받았다. 그럼에도 불구하고 투표율을 지난 2013년 7월 참의원 선

〈2016년 참의원 선거결과 정당별 획득 의석수〉

정당	총 당선인수	선거구	비례대표
계	121	73	48
자민당	56	37	19
민진당	32	21	11
공명당	14	7	7
오사카유신회	7	3	4
공산당	6	1	5
사민당	1	0	1
생활당	1	0	1
무소속	4	4	0

거 때 52.61%에서 2.05% 상승한 54.69%에 그쳤다. 다만 이번에 새로 투표권을 행사한 젊은이들은 대체로 자민당을 선호하는 경향을 보인 것으로 나타났다. 여성 의원 당선자 수는 지역구에서 17명, 비례대표에서 11명, 합계 28명(23.1%)으로 역대 최다 기록을 세웠다.

아베 총리는 선거결과에 따라 기자회견을 열고 "이번 선거 결과는 현재의 경제 정책, 즉 아베노믹스를 더욱 힘차게 진행하라는 국민의 목소리라고 생각한다"라고 평가하고 경제부진의 탈피를 위해 더욱 대담하고 강력하게 추진하겠다는 의지를 천명했다. 그는 개헌 의지와 관련하여 "자민당은 개헌을 목표로 창당한 것"이라고 말했으며, "중의원과 참의원의 헌법심사회에서 어떤 헌법 조문을 어떻게 바꿀 것인가를 본격적으로 논의하여 국민투표로 물을 것"이라고 하는 의욕을 내비쳤다. 그동안 아베 총리는 일본의 군대 보유 및 전쟁을 금지한 '평화헌법'(헌법 9조)을 개정하고 싶다는 의지를 자주 밝혀왔다.

반면 제1야당인 민진당은 32석을 얻는 데 그쳤으며 공산당 6석, 사민당 1석에 그쳐 아베 정권에 대한 견제 장치가 대단히 느슨해졌다. 야권은 아베 정권의 독주와 개헌을 저지하겠다며 합당과 후보 단일화로 맞섰으나 이처럼 실망스러운 결과를 남겼다. 특히 민주당과 유신당의 합당으로 출범한 민진당은 전국 규모 선거에서 3차례 연속 자민당에 패하면서 큰 타격을 입었다. 2014년 중의원 선거에서 민주당대표가 낙선하면서 대표직을 이어받았고 민진당의 초대 대표를 역임한 오카다 가쓰야(岡田克也)는 2016년 참의원 선거 결과를 무겁게 받아들였다. 선거 직후 그는 기자회견을 통해 당 대표직 출마를 하지 않겠다고 선언하고, "새로운 사람이 당을 담당하는 것이 정권교체 가능한 정치를 위해 좋겠다"고 하며 당 쇄신과 다른 야당과의 공동 투쟁이 필요하다는 역설했다.[3] 그는 2016년 9월 렌호(蓮舫)에게 당 대표직을 넘겼다.

일본 참의원 본회의장

---

3) 朝日新聞, 7月 30日.

〈2017년 7월 현재 참의원 정당별 의석수〉

정당	총 의석		2019년 만료자		2022년 만료자	
	의원수	여성의원	의원수	여성의원	의원수	여성의원
계	242	50	121	22	121	28
자민당	126	20	70	10	56	10
민진당	50	12	18	4	32	8
공명당	25	5	11	2	14	3
공산당	14	5	8	3	6	2
유신회	11	2	5	0	6	2
희망회	6	3	2	0	4	3
기타	10	3	7	3	3	0
결원	0	0	0	0	0	0

_3_

아베 총리, 무투표로 자민당 총재 재임

2015년 9월 아베 총리가 무투표로 자민당 총재 재임을 인정받았다. 정당내각제에 원칙에 따라 기본적으로 일본의 총리는 집권당의 당수가 겸하고 있다. 자민당은 당 대표를 총재라고 부르고 있다. 아베 신조는 자민당의 총재를 역임하는 한편 국정을 총괄하는 「총재 총리」로서 무소불위의 권력을 행사하고 있다. 현재 자민당의 총재 임기는 자민당 규칙 제80조 1항에 따라 3년으로 되어 있다. 당 규칙이 빈번히 바뀜에 따라 총재의 임기 역시 2년과 3년을 왔다 갔다 하고 있다. 예를 들어 1955년부터 1972년까지는 총재의 임기가 2년이었으며 연임에서 제한 없이 총재직을 수행할 수 있었다. 그러다가 1972년부터 1974년까지는 임기 3년으로 변경되었으며 1974년부터 임기 3년에 연임 2기까지 맡게 하다가 1978년부터 2003년까지는 임기 2년에 두 차례 연임할 수 있게 했다. 이어 2003년부터 2017년까지는 다시 임기 3년에 두 차례 연임할 수 있게 하다가 2017년부터 임기 3년에 세 차례 연임할 수 있도록 당 규칙을 변경했다. 따라서 야마구치현 출신의 아베가 계속 연임한다고 하면 2021년까지도 「총재 총리」 자리를 지킬 수 있게 되었다.

자민당 총재 선출은 당 규칙 제6조 1항이 인용하고 있는 총재공선규정 제1조에 따라 이루어지고 있다. 일반적으로 총재공선규정에 따라 당 소속 국회의원을 비롯하여 당원, 자유국민회의 회원, 국민정치

협회 회원이 선출한다. 그러나 총재가 임기 중에 궐위되는 비상사태가 발생하여 일반적인 선거가 불가능하게 될 때에는 당 규칙 제6조 2항에 따라 중의원 참의원 양원 의원 총회에서 현직 국회의원이나 지방자치단체 연합의 대표자들이 모여 총재를 선출할 수도 있다. 또한 당직자나 간부가 새로운 총재 후보자를 한 명으로 결정하고 양원 의원 총회에서 승인을 얻어 총재를 선출하는 경우도 있다. 자민당 총재 공선규정 제9조는 총재 후보자의 자격으로 당 소속 국회의원에 한정한다고 되어 있다.[4]

연임 제한을 규정한 1974년부터 현재까지 임기 만료에 따라 퇴임한 총재는 나카소네 야스히로(中曽根康弘)와 고이즈미 준이치로(小泉純一郎) 두 사람 뿐이다. 군마현(群馬県) 출신의 나카소네는 1982년부터 1987년까지 총재를 역임했다. 1986년에 임기가 끝나야 했지만 1986년의 동일 양원 선거에서 자민당의 압승을 주도했다는 이유 등으로 특례에 따라 1년 더 임무를 수행하게 되었다. 가나가와현(神奈川県) 출신의 고이즈미는 2001년부터 2006년까지 총재를 역임했다. 2003년까지 2년간의 임기를 채우고 이어 2006년까지 3년간의 임기를 가득 채운 것이다. 자민당 내부에서 나카소네와 같이 특례를 적용하여 임기를 연장하자고 하는 목소리가 높았지만 고이즈미 본인은 자퇴하는 선택을 했다. 현재의 아베 신조 총재는 일단 총재에서 퇴임한 사람을 재임에서 제한할 수 있는 규정이 마련되지 않은 상태에서 자민당에서 유일하게 다시 총재에 오른 인물이다.

한국의 조선닷컴은 아베 신조의 총재 재임을 보도하면서 그가 안보

---

4) 自民党 홈페이지. https://www.jimin.jp

법안을 더욱 더 강렬하게 추진할 것으로 전망했다. 그 해 9월 8일 도쿄의 자민당 당사 8층에서 차기 총재 선거 입후보자 접수가 진행됐지만 아베를 제외하고는 아무도 입후보하지 않았기 때문에 그는 투표 과정 없이 총재직에 재임하게 된 것이다. 아베는 이날 국회 근처의 호텔에서 총재 선거 출정식을 열고 "제대로 경제를 선순환 시키면서 미래를 향하여 일본경제를 성장시키겠다"고 말했다. 자민당 총재가 무투표로 재선되는 것은 고이즈미 전 총리 이후 14년 만의 일이다.[5]

자민당 총재의 재선과 관련하여 일본 국민 사이에 "의논도 없는 상태에서 지도자가 결정된다니 아쉽다"고 하는 소리가 많았다. 마이니치신문 기사를 통해서 이 시기에 일본 거리에서 회자된 목소리들을 일부 소개하고자 한다. 이들의 연령은 2015년 당시의 연령이다. 예를 들어 삿포로(札幌)에 거주하는 78세 주부 우리타 히로코(瓜田広子)는 "연금 수령액이 올라가지 않는데도 소비세 세율이 10%로 올라갔다가는 생활이 어려워진다. 의식주 관련해서는 경감세율을 도입하는 등 국민들의 생활실태에 맞는 정책을 바란다"라고 했다.

사이타마현(埼玉県)에 거주하는 51세 회사원 다지마 유타카(田島豊)는 "자민당 당내 의논이 전혀 없었던 것은 유감이다. 안보 법안을 포함하여 자민당 내부에서도 아베 수상에게 아무런 말을 못하는 상황이 되었다. 그의 얼굴을 바라보고만 있는 것을 어떻게 정당이라고 할 수 있겠는가"라고 했다. 치바현(千葉県)에 거주하는 60세 주부 우쓰다 료코(楄田良子)는 "경제가 회복되고 젊은이들의 취직 상황이 약간 나아졌다. 그러나 일할 의욕이 올라가는 단계에는 아직 이르지 않

---

5) 조선닷컴, 2015년 9월 9일.

자민당 당사

았다. 희망을 가질 수 있는 세상을 만들기 바란다"고 했다. 또한 나고
야(名古屋)에 거주하는 61세 무직자 노마 게이세이(野間慶政)는 "아
베 총리는 지난 중의원 선거 이후 백지 위임을 받은 것과 같이 행동
하고 있다. 총재 선거의 무투표로 「독재 색깔」에 박차를 가하지 않을
지 걱정이다"라고 했다.

아울러 오사카(大阪)에 거주하는 38세 음식업자 핫토리 다다시(服
部禎史)는 "최근 총리 교체가 자주 일어나기 때문에 아베 총리는 여
유 있게 국가 정책에 임하기를 바란다. 다만 안보 법안은 더욱 더 논
의가 필요하다. 지금 국회에서 채택하려고 서두를 필요는 없다"고 말
했다. 교토(京都)에 거주하는 82세 주부 나미카와 미에코(並川美江
子)는 "최종적으로 아베가 총재가 됐다고 해도, 노다 세이코(野田聖
子) 자민당 전 총무회장도 나오지 않고 당내 논의가 없는 가운데 결
정된 것은 유감이다. 안보 법안은 더욱 논의를 거치기 바란다"고 했

다. 그리고 후쿠오카(福岡)에 거주하는 21세 학생 요나하 슌(与那覇
舜)은 "출신지 오키나와에서 미군 헬리콥터 추락 사고를 가까이에서
체험했다. 총리가 말하는 「억지력 강화」로 앞으로 일본이 어떻게 될
지 불안하다. 군사력에 의존하지 않고 외교를 중시하는 국가로 만들
기 바란다"고 말했다.[6]

---

6) 毎日新聞, 2015年 9月 8日.

_4_

일본의 안보법제 정비법

2016년 3월부터 시행된 일본의「안보법제 정비법」(일명 전쟁법)은 「자위대법」, 「주변사태법」, 「선박검사활동법」, 「유엔 PKO 협력법」 등의 개정을 통해 일본 자위대의 활동 범위를 확대시킨 법적 장치를 말한다. 이로써 일본 자위대는 해외에 있는 일본인 등의 보호 조치를 비롯하여 미군 부대 등의 무기 보호를 위한 무기 사용이나 서비스 제 공이 가능하게 되었다.[7] 일본 국민의 압도적 지지 아래 출범한 제3차 아베 내각은 2015년 5월 NSC와 각료회의를 거쳐 중의원과 참의원에 관련 법안을 제출했다. 지난 1950년대와 1960년대의 안보투쟁에 버 금가는 수준의 사회적 저항 속에서 이번에 일본 국회는 관련 법안을 심의했고 2015년 7월에 중의원 본회의를 통과했다.

일본 각지에서는 이 법이 종래 헌법 제9조의 해석을 위반한다고 하 여「위헌」소송 움직임이 다발적으로 발생했다. 예를 들어, 도쿄도 (東京都)의 주민 남성이 안보법제 폐지를 요구하며 일본정부를 상대 로「위헌」소송을 제기했으나 2016년 4월 14일 최고재판소는 상고를 기각했다. 이 소송에서 제1심인 도쿄지법이 "행정사건 소송법에 기 초한 소송이 부적합하다"는 이유로 수리하지 않았으며, 제2심인 도

---

7) 内閣官房・内閣府・外務省・防衛商,「平和安全法制」の概要: 我が国及び国 際社会の平和及び安全のための切れ目のない体制の整備, 2015年, http:// www.cas.go.jp/jp/gaiyou/jimu/pdf/gaiyou-heiwaanzenhousei.pdf

쿄고법은 원고의 항소를 기각했다.[8] 사법부의 판단이 이처럼 보수적으로 바뀌었음에도 불구하고 안보법제를 반대하는 변호사들이 「안보법제 위헌소송 모임」을 그 해 4월 20일에 결성하여 일주일 뒤에 처음으로 도쿄지법에 집단 제소했다. 제1진 원고는 약 550명으로, 자위대의 해외 파병을 막아내고 평화적 생존권을 침해받은 것에 대해 국가배상을 요구했다. 그 이후 집단적인 「위헌」 소송 움직임은 일본 전국으로 확대되었다.[9]

2015년 9월 부산대학교에서 열린 학술발표회에서 일본에게 「인류보편」 논리를 주장하는 발표자에 대해 필자는 그런 잣대로 대응할 일본정부는 이제 아니며, 마찬가지로 한국정부에게도 그런 잣대를 들이대기에는 문제가 많다고 토론했다. 결국 한일 간 문제는 「인류보편」의 잣대로 논하기에는 지극히 비현실적이라는 논지를 펼친 것이다. 일본 국회에서 안보법제를 심의하는 과정에서 나온 움직임을 간략하게 소개하고자 한다. 2015년 7월 중의원 특별위원회를 통과하고 다음날 중의원 본회의를 통과한 안보 관련 법안이 참의원에 넘어가 본회의 통과를 기다리고 있는 중이었다. 야당들은 자민당 지도부들에게 차례로 불신임 의견을 묻고 시간을 끌며 마지막 반대 행동에 나섰다. 이러한 야당의 표결지연 투쟁에 대해 여당 자민당과 공명당은 다수의 힘으로 이를 격파해 갔다. 일본 국회 의사당 밖에서는 수 만 명의 시민들이 「전쟁법안」 반대를 외치며 데모에 돌입했으나, 결국 국회 내부에서 벌어지는 자민당의 강행 처리 움직임을 막지 못했다.

---

8) 朝日新聞, 2016年 4月 16日.

9) 朝日新聞, 2016年 4月 26日.

2015년 9월 일본참의원 안보법제 통과

이로써 일본은「비무장」헌법을 가진 상황에서 안보법제를 통해 헌법 해석을 확대함으로써 대외전쟁에 참여할 수 있는「보통국가」가 되었다. 따라서 일본은 당분간 헌법 따로, 현실 따로라는 이중적인 비정상적 국가를 유지하게 되었고, 결국 이러한 현실을 인정하고 앞으로 헌법 개정이라는 수순을 밟게 될 것이 분명해졌다. 이처럼「보통국가」가 되려고 기를 쓰고 있는 국가에 대해 역사 문제를 들어「인류보편」의 잣대를 들이대며 비판한다는 것이 얼마나 비현실적인가를 일본은 잘 보여준 것이다.

아베 총리는 2015년 8월 24일 참의원 예산위원회에서 "안보법제를 시행할 때 집단 자위권을 발동할 수 있는 밀접한 관계국에서 한국이 배제되는가"라는 야당 의원으로부터 질의를 받았다. 이에 대해 아베 총리는 "배제되지 않는다"고 답했다. 일본 국내적으로는 이 법의 위헌성이 가장 큰 문제이지만, 주변국 한국에 있어서는 안보 전략의 문제로의 의미가 더욱 크다. 만일의 한반도 유사시에 자위대가

일본 안보법제에 대한 반대 데모

한국 영역에 진입해야 하는 상황에서 반드시 한국의 사전 동의를 받
도록 하는 근거가 되는 규정은 「영역국가 동의」 규정이다. 그런데 이
규정이 타국의 후방지원 활동을 다루는 주요영향사태법안과 국제평
화지원법안에는 들어가 있는데, 집단 자위권 관련법인 무력공격사태
법 개정안에는 들어가 있지 않다. 일본의 안보법제는 빈틈이 너무 많
아 보인다.

_5_
아베 총리 21세기 간담회 보고서

아베 총리는 2015년 2월에 6개월 뒤에 발표할 담화를 준비하기 위해 자문기구로서 「간담회」를 설치했다. 그리고 그 해 8월 6일 「간담회」는 각종 언론기관에 보도 자료를 내고 최종보고서를 발표했다. 이 튿날 일본의 모든 언론기관은 보고서에 관한 소식을 국민에게 알렸다. 이와 함께 총리관저는 홈페이지를 통해 「간담회」의 구성원, 보고서가 나온 경위, 보고서 내용 등을 일반에 공개했다. 아베 내각은 보고서를 최종 정리하는 데 정치적 성향을 분명히 했다. 이어 8월 14일에 발표된, 전쟁종결 70주년에 관한 총리담화는 「간담회」 보고서에 입각하여 정리된 측면이 크다. 아베 담화는 일본의 진보적 지식인이 대거 참가하여 7월 17일에 발표한, 「전후 70년 총리담화에 대하여」라고 하는 성명문에서도 일부 문구를 인용하기는 했지만, 전반적으로 「간담회」의 논지를 살린 것이다. 결과적으로 「간담회」 보고서는 아베 담화의 기본 배경이 되는 자료로서 역사적인 의미를 갖고 있다.[10] 여기서는 일본 총리관저의 공개 자료를 기초로 하여 한국과의 관계를 중심으로 「간담회」 보고서 내용을 살펴보고자 한다.

「간담회」의 정식 명칭은 「20세기를 회고하고 21세기 세계질서와

---

10) 首相官邸, 政策会議, 「20世紀を振り返り21世紀の世界秩序と日本の役割を構想するための有職者懇談会(21世紀構想懇談会)」 http://www.kantei.go.jp/jp/singi/21c_koso/

일본의 역할을 구상하기 위한 유식자 간담회」였다. 멤버는 총 16명이었고, 기업인, 평론가, 대학교수 등이 참여했는데, 대체로 자유주의적인 성향을 지닌 멤버가 포진했다고 평가할 수 있다. 다만 좌장인 니시무로 다이조(西室泰三) 일본우정 대표와 좌장 대리인 기타오카 신이치(北岡伸一) 일본국제대학 학장은 비교적 우파적인 성향을 가진 인물로 아베 총리의 측근으로 불리는 사람이었다. 특히 기타오카는 이번 보고서를 정리하는 일에 가장 중심적인 역할을 한 것으로 알려지고 있다. 「간담회」가 총리의 사적인 자문기구로서 결정권을 갖고 있지 못한데다가 운영방침에 따라 의사록 속에 발언 요지만을 공개하고 발언자를 명시하지 않았다. 따라서 「간담회」 속에서 어느 멤버가 어떤 의견을 제시했는지 불분명하며 따라서 구체적으로 어떠한 토론 과정을 거쳐서 최종보고서 작성으로 이어졌는지 그 흐름을 정확하게 파악하기 어렵다. 멤버로서 참가한 연구자가 이 회의의 경위에 대하여 개별적으로 공개하지 않는 이상, 일본정부에 의해 정리된 보고서 내용을 통해서 전반적인 경위를 파악할 수 있을 뿐이다. 「간담회」는 2015년 2월부터 7월까지 총 7차례에 거쳐 총리관저에서 열렸는데 3월의 제2차 회의로부터 6월의 제6차 회의까지 5차례에 걸친 토론회에서 많은 의견 교환이 집중적으로 이루어졌다.

8월 6일에 최종보고서가 나왔다. 보고서는 일맥상통하는 논리로 정리된 반면 각 발표문은 발표자가 각각 자신의 생각이나 전공을 다양하게 전개했기 때문에 내용면에서 상호 연관성을 찾기가 쉽지 않다. 다만 보고서의 논지를 볼 때 대체로 사죄나 반성의 대상이 분명하지 않고 세계사적 흐름과 일본의 국제적 공헌을 강조했다는 점에서, 각 발제자의 논지에서도 비슷한 경향이 나타난 것으로 파악되어, 보고서와 발표문은 연관성이 매우 높았다고 평가된다. 보고서 내용 가운데 한일관계와 관련이 되는 부분만을 대상으로 하여 나름대로 문제점을 살펴보면 다음과 같이 5가지가 발견된다.

(1) 보고서는 근대 세계사를 언급하는 가운데 자연스럽게 19세기 서구열강에 의한 경쟁적인 식민지 쟁탈 움직임을 설명했고 이와 같은 제국주의 대열에서 낙오하지 않고 일본이 러시아와의 전쟁에서 승리하고 식민지 열강에게 종속되지 않은 점을 강조한 것은 충분히 이해할 수 있는 대목이다. 그런데 세계사 흐름에서 볼 때 러일전쟁을 전후한 시점에 이미 식민지 쟁탈 움직임이 소강상태에 들어갔을 뿐 아니라 이에 대한 비판의 움직임이 활발해지고 있었다. 이러한 세계사적 흐름을 일본의 탈 식민에 대해서는 정확하게 파악하고 있음에도 불구하고 왜 이 시기에 일본제국이 세계사적 흐름과 달리 1910년 시기에 대한제국에 대해 병합을 단행했는지에 대해서는 설명하고 있지 않다. 즉 1910년 시기의 세계사적 흐름과 일본의 국가정책과의 관계가 애매하게 표현된 것이다.

이 보고서는 앞부분에서 세계 근대사를 설명하면서 "20세기 초에는 식민지화 움직임에 브레이크가 걸리게 되었다"고 하며 시대적 평가를 내놓고 있다. 여기에다가 그 뒤에는 일본의 러일전쟁 승리가 비서구 식민지 사람들에게 용기를 불어넣었다고 하여 일본이 서구열강의 압력에서 벗어나 열강에 합류하게 된 것을 자랑스럽게 서술하고 있다. 그런데 이와 같이 20세기에 들어서 식민지 억지의 세계사적 흐름을 강조하면서도 일본이 러일전쟁 후 대한제국을 합병한 것에 대해서는 아무런 언급을 하지 않는 것은 이 보고서가 과거사에 대한 편

협한 평가에 그치고 있다는 비판을 면하기 어렵다.

(2) 이 보고서는 윌슨대통령이 주창한 민족자결 이념에 대해서 "원래 유럽을 향한 개념이었는데 아시아도 이에 반응하여 조선에서 3·1사건, 중국에서 5·4운동 등이 발생하는 계기가 되었다"라고 언급했다. 조선에서는 '사건'이었고 중국에서는 '운동'이었다는 엇갈린 평가로 일본제국의 3·1운동 탄압을 정당화 하는 표현으로 사용한 것이다. 민족자결 주장을 받아들이는 움직임을 식민지 조선에서는 비이성적인 움직임으로, 중국에서는 이성적인 움직임으로 나타났다고 보는 것이다. 여기에다가 이 보고서는 세계사적 흐름을 설명하는 가운데 "1차 대전 후에 발생한 민족자결 움직임이 2차 대전 후 많은 아시아·아프리카 국가들에서 독립과 탈식민지화라는 형태로 결실을 맺었다"고 하고 있다. 식민지 조선과 중국의 민족자결 움직임이 왜 좌절되는지에 대해서는 언급하지 않고 탈식민지화 흐름을 세계사적 흐름에서만 파악한 것이다. 결과적으로 1차 대전 후의 식민지 조선의 '사건'이나 중국의 '운동'은 결실을 맺기에는 세계사적으로 시기상조였다고 일본의 책임을 언급하지 않은 채 애매하게 서술한 것으로 평가된다.

(3) "일본이 만주사변 이후 대륙에 대한 침략을 확대했다(after the Manchurian incident, Japan expanded its aggression against the continent)"고 하여 침략의 역사를 분명히 하고자 하는「간담회」위원의 의견이 있었다. 그런데 보고서는 각주를 통하여 이러한 의견에 대해 이의를 제기하는 복수 위원의 의견이 있었다고 하는 것을 기

2015년 2월, 간담회 첫 모임

록해 두었다. 「침략」이라는 용어에 대해 이의를 제기한 위원들이 다수는 아니었지만 적어도 복수 의원들이 있었다. 자신들의 의견을 반드시 기록하도록 주장함으로써 보고서에 실린 것으로 보아, 이들은 아베 정권에 찬동하는 상대적으로 「유력한」 인물들이었을 것으로 판단된다. 이들이 「침략」 용어의 사용에 반대한 것은 국제법상 「침략」의 정의가 분명하지 않다는 점, 역사적으로도 만주사변 이후를 「침략」이라고 단정할 수 없다는 점, 다른 국가들도 같은 행위를 했는데 일본의 행위만을 「침략」이라고 하는 것은 부당하다는 점 때문이었다고 한다. 이러한 견해는 일본이 과거의 역사적 오류를 반성하고 새롭게 국제사회의 선진국으로 탈바꿈하자는 견해와 정면 배치되는 논리인 것이다.

(4) 한국과의 화해 70년에 관한 언급에서 한국이 샌프란시스코 강화회의에 참석하지 못한 것을 간단히 언급하고 있다. 그런데 일본정부가 이 문제에 대해서 어떻게 대응했는지는 전혀 언급하지 않고, 단

지 한국이 "강화회의에 대한 참가를 인정받지 못했다"고 서술하는 데 그쳤다. 일본의 적극적인 반대에 따라 한국과 중국이 대일강화회의에 참여하지 못한 것을 덮어둔 채, 마치 일본이 아무런 대응을 하지 않았는데 국제사회가 한국의 참가를 인정하지 않은 것처럼 서술한 것이다. 한국이 불만을 가지고 전후의 한일관계를 시작해야 했던 상황을 국제사회의 책임으로 돌리는 무책임의 논리인 것이다.

(5) 이 보고서는 박정희 정부의 「이성적」인 결단으로 한일 간 국교정상화가 이루어졌다고 평가한 반면, 21세기에 들어서 한국정부가 대일외교에서 변화를 보이고 있는 것을 '골포스트를 옮기는 행위'로 해석했다. 이러한 표현은 「간담회」 제6차 회의에서 야마우치 마사유키(山內昌之) 도쿄대학 명예교수가 발제한 문장을 참고한 것으로 보인다. 그는 발제문에서 2015년 3·1절 기념사에서 박근혜 대통령이 "가해자와 피해자라는 역사적 입장은 천 년의 역사가 흘러도 변할 수 없는 것"이라고 언급한 것을 「천 년의 한」이라고 해석하고 일반적인 국가관계에서는 천 년에 걸친 일관된 흐름이 있을 수 없는 일이라고 비판했다. 그리고 한국정부가 일본정부에게 요구하는 「사죄」는 일관성이 깨졌다고 보고 있다. 즉 1965년 청구권협정의 「최종적이고 완전한 해결」 문구를 전제로 하는 사죄로부터, 점차 「적절한 보상」을 담은 사죄로 그 의미가 변질되고 있다고 지적한 것이다. 따라서 이러한 한국정부의 대일외교 변화를 「골포스트 이동」이라고 표현했다.

아울러 보고서는 대일외교 변화의 시점을 노무현 정부시기로 보고 있는데, 그 구체적 사례는 분명히 언급하지 않았다. 아마도 참여정부에 들어 한국에서 일제강점기 강제동원 진상규명 활동이 시작된 것을 의미한 것으로 보인다. 근래에 들어 한국정부가 대일외교에서 변화를 보인 사례로서, 보고서는 2011년에 한국 헌법재판소가 일본군 위안부 문제에 관한 외교적 부작위에 대해서 위헌 판결을 내린 것과, 2012년에 이명박 대통령이 독도에 상륙한 것을 명기했다. 일본으로부터 독립성을 점차 확보해 가려는 한국정부의 대일인식에 대하여, 일본정부를 비롯한 대다수 일본인 지식인들은 국교정상화 과정에서 양국이 맺은 규칙을 한국이 일방적으로 변경해 가고 있다고 보고 있는 것이다. 아베 총리가 70주년 담화에서 「사죄」나 「침략」의 문구를 사용하면서도 어느 국가에 대한 언급인지를 애매하게 한 것은 과거 「침략」에 대한 그의 애매한 역사인식과 함께, 개인청구권 문제에 대한 대다수 일본인의 분명한 현실인식에 따른 것이다.

요컨대 한일관계에 국한하여 볼 때, 「간담회」보고서는 식민지 지배와 침략의 역사를 세계사적인 흐름으로 설명하면서 일본의 책임을 애매하게 하려는 의도로 정리되었다고 할 수 있다. 또한 전후사에 있어서 신생 한국이 곤경 속에서 일본과 국교정상화를 추진해야 했고 민주화 과정에서 과거사 피해자의 개인청구권 문제에 대응해야 하는 상황을 일반적인 국제관계의 틀에서 비정상적인 움직임으로 파악하고 그러한 관점에서 보고서가 정리되었다고 할 수 있다. 「간담회」 제6차 회의에서 하네다 마사시(羽田正) 교수는 주권국가의 책임 있는 역사전략으로서 총리 담화를 위해 다음 세 가지 전략, 즉 종래의 자세를 유지하면서도 패턴을 달리 할 것, 언제까지나 사과하라고 하는 상대에 대해서는 온화한 태도로 무시해 가는 benign neglect를 취할 것, 그리고 의견이 다른 상대에 대해 계통적으로 반론해 갈 것을 제안했다. 「간담회」보고서와 총리 담화를 통해 일본정부는 한국에 대해서 benign neglect 전략을 구사한 것으로 보인다.

_6_
아베 총리의 종전 70주년 담화

2015년 8월 14일, 아베 총리는 각의에서 결정되었다는 것을 전제로 하여 종전 70주년을 기념하는 담화를 발표했다. 그는 "가능한 많은 국민들과 공유할 수 있는 담화가 되도록 노력했다"고 밝혔다.[11] 지난 1995년 50주년 기념으로 발표한 무라야마(村山) 총리 담화나 2005년 60주년 기념으로 발표한 고이즈미(小泉) 총리 담화가 있다. 분량에서 볼 때 무라야마 담화가 약 1,300자, 고이즈미 담화가 약 1,100자였는데, 아베 담화는 약 3,000자에 달하여 비교적 장황한 내용으로 이뤄졌다는 것을 알 수 있다. 그리고 앞의 두 담화가 모두 8월 15일에 발표되었는데 아베 담화는 그 전날 발표되었다. 이에 대해서 매년 8월 15일에 발표되는 일왕의 「말씀」을 의식하고 이를 배려한 것이 아닌가 하는 견해가 있다.[12]

내용면에 있어서 무라야마나 고이즈미의 담화가 「식민지지배」, 「침략」, 「통절한 반성」, 「사죄」 등 용어를 일본을 주체로 하여 분명하게 사용했으나, 아베 담화에 이르러서는 동일 문구가 들어가 있기는 해도 일본이 그르치거나 저질렀다고 하는 표현보다는 상관관계를 애매

---

11) 時事ドットコム, 2015年 8月 14日.

12) 毎日新聞, 2015年 8月 15日.

하게 하고 대체로 일반론으로서 언급하는 데 그쳤다.[13] 한국 외교부는 논평을 통해 "식민지 지배와 침략에 대한 일본 현 정권의 역사관을 국제사회에 여실히 보여주었다"고 평가하고 "역대 내각의 역사인식이 앞으로도 흔들림 없이 국제사회에 밝혀진 점에 주목한다"고 다소 긍정적인 평가를 보였다. 다만 이러한 말을 구체적인 행동으로 실천해 가는지 지켜보겠다고 하며 유보적인 평가를 내리기도 했다.[14] 한편 한국의 언론 가운데 대부분은 아베 총리가 역대 일본정부가 충분히 사과해 왔다고 하고, 아베 정부는 정작 무늬만 사죄라는 용어를 사용할 뿐 직접적인 사죄를 회피했다고 비판했다.[15]

또한 북한의 외무성은 "침략의 역사에 대한 성실한 인정과 사죄가 담겨있지 않다"고 혹평하고 "일본이 우리 인민에게 사죄와 반성도 없이 국제사회에서의 책임이나 공헌을 운운하는 것은 인민에 대한 견디기 힘든 우롱"이라고 말했다. 또한 "우선 과거의 청산을 통하여 우리나라를 비롯하여 주변국가들로부터 신뢰를 얻어야 한다"고 했다.[16] 또한 중국의 외교부 보도관은 "일본은 당연히 전쟁책임을 명확하게 설명하고 피해국 인민에게 성실하게 사죄하며 군국주의 침략의 역사를 단절해 가야 한다. 이 중대한 원칙 문제에 대해서 어떠한 눈속임을 보여서는 안 된다"고 단호한 자세를 표명했다.[17] 다음은 아베 총리의 종전 70주년 기념 담화 전체 문장을 그대로 번역한 것이다.

---

13) FNN. 2015年 8月 15日.

14) 日本経済新聞, 2015年 8月 15日.

15) 세계일보, 2015년 8월 16일.

16) NHK. 2015年 8月 15日.

17) 産経ニュース, 2015年 8月 15日.

담화를 발표하는 일본총리

　종전 70년을 맞이하여 앞서 일어난 대전(大戰)으로의 길과 전후의 행보, 20세기라는 시대를 우리는 마음으로 조용히 돌아보고 그 역사의 교훈 속에서 미래에 대한 지혜를 배워야 한다고 생각합니다. 백 년도 더 전의 세계에는 서구를 중심으로 한 여러 나라들의 광대한 식민지가 확산되고 있었습니다. 압도적인 기술 우위를 배경으로 한 식민지 지배의 물결은 19세기 아시아로 몰려오고 있었습니다. 그 위기감이 일본에 근대화의 원동력이 된 것은 틀림없습니다. 아시아에서 최초로 입헌 정치를 세우고 독립을 지켜 내고 있었던 것입니다. 러일전쟁은 식민지 지배하에 있던 많은 아시아와 아프리카의 사람들을 고무시켰습니다.

　세계를 말려들게 한 제1차 세계대전을 거치면서 민족 자결의 움직임이 퍼져, 이때까지의 식민지화에 제동이 걸렸습니다. 이 전쟁은 천만 명의 전사자를 내는 비참한 전쟁이었습니다. 사람들은 '평화'를 강하게 바라며 국제연맹을 창설하고 켈로그-브리앙 조약을 체결했습니다. 전쟁 자체를 불법화하는 새로운 국제 사회의 조류가 생겨났습니다. 처음에는 일본도 보조를 맞추기 위한 준비를 했습니다. 그러나 대공황이 일어나 구미 국가들이 식민지 경제를 포함한 경제 블록화를 진행하면서 일본 경제는 큰 타격을 받았습니다. 그 와중에 일본은 고립감이 심해졌고, 외교적·경제적으로 막다른 골목에 몰리자 힘의 행사에 의한 해결을 시도했습니다. 국내 정치 시스템은 제동을 걸 힘이 부족했습니다. 이렇게 해서 일본은 세계의 대세를 따라잡지 못하게 되었습니다.

만주사변, 그리고 국제연맹의 탈퇴. 일본은 점차 국제사회가 장렬한 희생 위에 쌓아올리려 했던 '새로운 국제질서'에 대한 '도전자'가 돼 갔습니다. 진로를 잘못 잡고 전쟁에의 길로 나아갔습니다. 그리고 70년 전, 일본은 패전했습니다. 전후 70년을 즈음하여, 국내외에서 목숨을 잃은 모든 사람들의 생명 앞에 깊이 머리를 숙이고 통석(痛惜)의 념(念)을 표하며, 영겁의 애도를 바칩니다. 앞의 대전에서 300만여 동포의 생명이 끊어졌습니다. 조국의 장래를 염려하고 가족의 행복을 바라며 전선에 흩어져 있던 분들, 종전 후 혹한 또는 뜨거운 먼 이역 땅에서 굶주림과 질병으로 고통 받고 돌아가신 분들, 히로시마와 나가사키의 원폭 투하, 도쿄를 비롯한 각 도시에의 폭격, 오키나와의 지상전 등으로 도시와 농촌에서 많은 사람들이 무참히 희생되었습니다.

교전을 했던 나라들에서도 미래의 젊은이들이 수없이 목숨을 잃었습니다. 중국, 동남아시아, 태평양 섬 등 전쟁이 벌어진 지역에서는 전투뿐 아니라 식량난 등으로 많은 무고한 백성이 희생되었습니다. 전쟁의 그늘에는 명예와 존엄에 깊은 손상을 입은 여성들이 있었다는 것도 잊어서는 안됩니다. 아무 죄도 없는 사람들에게 헤아릴 수 없는 손해와 고통을 일본이 준 사실. 역사는 실로 돌이킬 수 없는 가혹한 것입니다. 한 사람 한 사람에게 각각의 인생이 있고, 꿈이 있고, 사랑하는 가족이 있었습니다. 이 당연한 사실을 되새겨볼 때, 지금도 말을 잃고 그저 단장의 생각을 금할 수 없습니다.

이토록 고귀한 희생 위에 현재의 평화가 있습니다. 이것이 전후 일본의 원점(출발점)입니다. 다시 전쟁의 참화를 반복할 수는 없습니다. 사변, 침략, 전쟁, 어떠한 무력의 위협이나 행사도 국제분쟁을 해결하는 수단으로 절대 사용해서는 안 됩니다. 식민지 지배로부터 영원히 결별하고 모든 민족의 자결권이 존중되는 세계를 만들어야 한다. 앞의 대전에 대해 깊이 회개하는 마음을 가지고 일본은 그렇게 맹세했습니다. 자유롭고 민주적인 국가를 만들고, 법의 지배를 존중하고, 오로지 부전(不戰)의 맹세를 견지해 왔습니다. 70년간의 평화국가로서의 행보에 우리는 조용히 자부심을 품고 있으며 이 부동(不動)의 정책을 앞으로도 고수하겠습니다.

우리나라는 앞선 대전을 일으킨 것에 대해 반복해서 통절한 반성과 마음으로부터의 사죄를 표명했습니다. 그 생각을 실제 행동으로 보여주기 위해 인도네시아, 필리핀을 비롯한 동남아 국가, 대만, 한국, 중국 등 이웃한 아시아 사람들이 걸어온 고난의 역사를 가슴에 새기고 전후 일관되게 평화와 번영을 위해 힘써 왔습니다. 이러한 역대 내각의 입장은 앞으로도 변함없습니다. 다만 우리가 어떠한 노력을 한들 가족을 잃은 분들의 슬픔, 전화(戰禍)에 의해 도탄을 맛본 사람들의 아픈 기억은 이루 말할 수 없을 것입니다.

그러므로 우리는 명심해야 합니다. 전후 600만 명이 넘는 귀환자들이 아시아·태평양 각지에서 무사히 돌아와 일본 재건의 원동력이 된 사실을. 중국에 남겨졌던 3,000여 명의 일본인 자녀들이 무사히 자라나 다시 조국의 흙을 밟을 수 있었던 사실을. 미국과 영국, 네덜란드, 호주 등에서 포로가 됐던 이들이 장년이 되어서 일본을 방문해 전사자에 대한 애도를 서로 계속 나누고 있다는 사실을. 전쟁의 고통을 당했던 모든 중국인과 일본군에 의해 극심한 고통을 받은 모든 포로들이 그토록 관용을 보이기까지 얼마나 마음의 갈등을 겪었으며 어떤 노력을 했을지. 우리는 그것을 생각해야 합니다. 관용 덕택에 일본은 전후 국제사회에 복귀할 수 있었습니다. 전후 70년이라는 이 기회를 맞아 우리는 화해를 위해 힘써준 모든 국가, 모든 분들에게 진심으로 감사의 마음을 전하고 싶습니다.

일본에서는 전후 태어난 세대가 이제 인구의 80%가 넘습니다. 그 전쟁과 아무 관계가 없는 우리의 아이나 손자, 그리고 그 후 세대의 아이들에게 사과라는 숙명을 계속 짊어지도록 할 수는 없습니다. 그럼에도 불구하고, 우리 일본인은 세대를 넘어 과거의 역사를 정면으로 마주하지 않으면 안 됩니다. 겸허한 마음으로 과거를 계승하고 미래로 인도할 책임이 있습니다. 우리의 부모, 또 그 부모 세대는 전후 잿더미와 가난의 수렁 속에서 목숨을 이어왔습니다. 그래서 지금의 우리 세대도 다음 세대로 미래를 이어나갈 수 있는 것입니다. 앞선 세대의 끊임없는 노력과 함께, 적으로 치열하게 싸웠던 미국 · 호주 · 유럽 국가를 비롯한 정말 많은 국가에서 은원을 넘어 선의와 지원의 손길을 내밀어준 것에 감사드립니다.

그런 것을 우리는 앞으로도 계속 전해야 합니다. 역사의 교훈을 깊이 가슴에 새기고 더 나은 미래를 개척해 나가 아시아 그리고 세계 평화와 번영에 힘을 다할 것입니다. 그런 큰 책임이 있습니다. 우리는 자신 앞에 놓인 막다른 골목을 힘으로 타개하려 했던 과거를 계속 가슴에 새기고 있습니다. 그래서 일본은 어떠한 분쟁도 법의 지배를 존중하며 힘의 행사가 아닌 평화적·외교적으로 해결해야 한다는 원칙을 앞으로도 굳게 지키고 세계 각국에 촉구하겠습니다. 유일한 전쟁 피폭국으로서 핵무기의 비확산과 궁극적으로는 폐기를 목표로 국제사회에서의 책임을 이행하겠습니다.

우리는 20세기에 전쟁 하의 많은 여성들의 존엄과 명예가 깊은 상처를 입은 과거를 계속 가슴에 새기겠습니다. 그래서 우리는 이러한 여성들의 마음을 항상 받아 안는 국가이고 싶습니다. 21세기야말로 여성의 인권이 손상되지 않는 세기가 될 수 있도록 세계를 선도하겠습니다. 우리는 경제의 블록화가 분쟁의 싹을 키웠던 과거를 계속 가슴에 새기겠습니다. 그래서 우리는 어떤 나라의 자의에 좌우되지 않는 자유롭고 공정하고 열린 국제 경제체제를 발전시켜 개발도상국 지원을 강화하고 세계의 더 큰 번영을 이끌어갈 것입니다. 번영이야말로 평화의 기초입니다. 폭력의 온상이 되는 빈곤에 맞서 세계의 모든 사람들에게 의료와 교육, 자립의 기회를 제공하기 위해 더욱 힘을 다하겠습니다.

우리는 국제질서에 대한 도전자가 돼버렸던 과거를 계속 가슴에 새기겠습니다. 그래서 우리는 자유, 민주주의, 인권 등 기본적 가치를 확고히 견지하고 그 가치를 공유하는 국가들과 손잡고 '적극적 평화주의'의 기치를 높이 들고 세계 평화와 번영에 어느 때보다 기여하겠습니다. 종전 80년, 90년, 혹은 100년을 바라보며, 그런 일본을 국민 여러분과 함께 만들어 나갈 것이라고 결의합니다.

2015년 8월 14일, 내각 **총리대신 아베 신조**

_7_

사카나카, 『일본형 이민국가의 창조』 독후감

필자는 2016년 6월 후쿠오카에 출장을 다녀오면서 그곳 서점에서 도서 『일본형 이민국가의 창조』[18]를 구입했고 이윽고 서울로 출장하게 되어 지루한 열차와 버스 안에서 이 책을 읽었다. 이 책은 저자 사카나카 히데노리(坂中英德)가 법무성 입국관리국에 근무할 때부터 제시해 온 「일본형 이민국가」 구상을 재론하고 근래 일본의 젊은이에 대한 여론조사 결과를 통해서 자신의 지론이 현실에 적중했음을 자찬하는 내용으로 되어 있다. 사카나카는 이 책을 내놓기 전에도 수많은 정책 평론과 논문 그리고 단행본을 발표해 왔다. 특히 2001년에 출간한 『일본의 외국인 정책 구상』[19])은 일본의 현역 입국관리국 직원이 내놓은 일본의 출입국 정책에 관한 책임에도 불구하고, 당시 외국인의 일본 입국을 적극 허용해야 한다는 비교적 진보적인 내용을 담고 있어 세간의 주목을 많이 받았다. 필자도 그 책이 출간된 직후에 그 내용을 둘러싸고 재일한인 지식인들과 토론을 나눴던 것을 선명하게 기억하고 있다.

사카나카는 1945년 출생으로 1970년 게이오(慶應)대학 법학부 석사과정을 마치고 곧 바로 법무성에 들어갔다. 그 후 센다이(仙台)와

---

18) 坂中英德, 『日本型移民国家の創造』, 東京: 東信堂, 2016年.

19) 坂中英德, 『日本の外国人政策の構想』, 東京: 日本加除出版, 2001年.

『일본형 이민국가의 창조』

도쿄 등지에서 입국관리국장을 역임하면서 각종 기회를 통해 자신의 「일본형 이민국가」 구상을 지속적으로 발표해 왔다. 2005년 법무성을 은퇴하자 그는 현재의 「이민정책연구소」[20]를 설립했으며, 그 후에도 지속적으로 이민정책에 관한 글을 발표해 왔다. 단행본으로서 『입관전기』[21]), 『일본형 이민국가의 구상』[22], 『인구붕괴와 이민혁명』[23], 『신판 일본형 이민국가로의 길』[24] 등을 계속하여 출간해 왔다. 그는 일본사회에서 저출산 현상이 심화되어 인구퇴화 전망이 분명해지고

20) 一般社団法人 移民政策研究所 홈페이지, http://jipi.or.jp/

21) 坂中英徳, 『入管戦記: 「在日」差別, 「日系人」問題, 外国人犯罪と, 日本の近未来』, 東京: 講談社, 2005年.

22) 坂中英徳, 『日本型移民国家の構想』, 東京: 移民政策研究所, 2009年.

23) 坂中英徳, 『人口崩壊と移民革命: 坂中英徳の移民国家宣言』, 東京: 日本加除出版, 2012年.

24) 坂中英徳, 『新版日本型移民国家への道』, 東京: 東信堂, 2014年.

있는 상황에서 일본이 적극적으로 외국인들을 끌어들여 일본의 모자라는 인구를 메워나가야 한다고 주장해 왔다. 이러한 견지에서 이번 책자를 통해서도 2015년 저자 자신이 행한 여론조사 결과에서 일본인 젊은이들의 50% 이상이 외국인 유입을 찬성하게 된 것을 계기로 하여 자신의 지론이 사회적으로 인정받았다고 주장하고 있다.

그의 적극적인 이민수용정책은 외국인의 재류자격의 안정화와 사회적 권익보호를 주장하고 있는 점에서 분명히 진보적인 속성을 띠고 있다. 그는 나아가 현행 아베노믹스에서 이민수용정책이라는 측면이 제외되어 있다고 하는 것을 비판하기까지 한다. 이 점에서 일본정부의 출입국 정책을 담당했던 인물이 「미스터 이미그레이션」이 되어 일본의 국가 미래를 우려하고 과감한 미래정책을 제시해 오고 있는 것이다. 하지만 그의 이민정책의 근간에는 현재와 같이 중국인과 한국인에 편중된 일본 유입을 의미하지 않고 국제테러 단체와의 결별이나 반일(反日)적 사상을 단속하는 상황에서 다양한 외국인의 일본 유입을 의미하는 사고가 팽배하여 「이민국가」 추진을 위한 실행 방법이나 주변국 노동자에 대한 몰이해라고 하는 문제점을 내포하고 있다고 보인다. 더욱이 재일한인에 대한 견해에 있어서 이제 와서는 과거 재일한인 1세와 2세들이 일본사회의 발전에 끼친 영향을 긍정적으로 평가하면서도 결국 한반도 뉴커머의 일본 유입에 대해서는 신중한 자세를 보이고 있어, 재일한인 1세와 2세들이 과거에 겪었던 입국관리의 틀에서 그다지 벗어나 있지 않다고 하는 한계를 보이고 있는 것이다.

그의 한국인 뉴커머 입국에 대한 생각은 『일본형 이민국가의 창조』의 60페이지 다음 구절에 잘 나타나 있다. 그것은 「반일 외국인의 입국은 금지」라고 하는 장(章) 속에 기록된 것이다. "한국에서는 전후 일관되게 국민들이 「친일파」에 대해 모두 격심한 공격을 해 왔다. 친일파 정치가나 지식인은 「매국노」라고 하는 낙인을 찍었고 침묵을 강요했으며 이윽고 사회에서 이들을 제거시켜 갔다. 그 결과 어떻게 되었는가. 오늘날 한국은 대통령 이하 전 국민이 「반일적 인물」의 덩어리처럼 보인다. 친일파의 모습은 그림자도 찾아보기 어렵다. 국가 전체가 반일을 상품으로 하는 이상한 국가라고 말하지 않을 수 없다. 한국인은 「반일」 슬로건으로만 정리되는 국민일까. 그렇다면 일본인은 그런 국민과 양호한 관계를 맺을 수 없다…. 일본국민은 반일사상으로 똘똘 뭉친 국민에 대해서는 이민의 입국을 허용할 수 없다. 일본의 이민정책은 반일교육에 열심인 국가로부터 들어오는 이민 유입을 제한할 수밖에 없다."

결국 과거 재일동포 1세와 2세에게 불안정한 법적 지위를 강요하고 일본 사회의 구성원으로 인정하지 않았던 차별과 동화의 논리를 오늘날에도 주변국 사람에게 그대로 적용하려고 하고 있는 것이다. 일본사회가 외국인에게 관대하고 평등하게 대하면 대할수록 「친일파」는 자연스럽게 많아질 것이며 그 반대의 경우 애초에는 「친일파」로서 일본에 입국했다가도 나중에 「반일파」가 되는 것이 아닐까. 그는 재일한인 1세와 2세에 대한 일본정부의 입국정책을 반성하는 일 없이, 그의 저서 113페이지에서 오늘날 전개되고 있는 재일한인 후속세대의 동화 현상에 대해서만 다음과 같은 긍정적인 평가를 내리고 있다. "전후 재일한국 · 조선인과 일본인의 역사, 즉 애당초 냉엄한 대립관계가 계속되어 온 두 민족이 혼인관계의 확산 등을 통하여 그 관계를 극적으로 개선해 간 발자취는 앞으로 다가올 이민시대에 있어서 다

민족 공생 모델로서 이어질 것이다. 재일코리안과 맺은 깊은 관계의 역사를 거울로 삼아 일본인이 뉴커머 이민 문제를 생각한다면 이민과의 공생관계를 쌓아갈 수 있을 것이다."

참고문헌

김승현, 『일본 안보정책 성립에서의 역학관계 변화에 관한 연구: PKO법안 성립 과정을 사례로』, 한일군사문화학회, 2014년.

김영호, 『일본 아베정권의 영토정책과 역사정책: 식민지주의와 동맹의 딜레마의 시각에서』, 영남대학교 독도연구소, 2013년.

김현우, 『일본국회론』, 한국학술정보, 2008년.

도시환 외, 『일본 아베 정권의 역사인식과 한일관계』, 동북아역사재단, 2013년.

오미영, 『한중국제학술회의 1부 제2분과: "한반도 평화와 안정" 집단적 자위권 행사와 일본의 안보 법안』, 한국평화연구학회, 2016년.

이성, 『일본정부의 재일조선인 정책과 한일회담: 스즈키 하지메에서 사카나카 히데노리로』, 국민대학교 일본학연구소, 2016년.

이주경, 『자민당 정권의 정책 변경 메커니즘: 일반 유권자와 지지층 대응의 두 가지 역학』, 고려대학교 아세아문제연구소 아연출판부, 2014년.

이준규, 『(아베 신조의 일본과 함께 살아가기 2) 역사문제는 모호하게, 외교안보는 적극적으로』, 평화문제연구소, 2006년.

최희식, 『일본 국회의 개헌 논의』, 한국의회발전연구회, 2016년.

한창민, 『[브리핑] 한창민 대변인, 아베 총리 담화 관련』, 정의당, 2015년.

青柳武彦, 「安保法案「合憲」の根拠」, 『マンスリーウイル』131号, 2015年 11月.

安倍晋三, 『日本よ、世界の真ん中で咲き誇れ: Japan! Be proud of yourself in the "center of the world"』, ワック, 2013年.

奥島貞雄, 『自民党総裁選: 権力に憑かれた亡者たち』, 中央公論新社, 2006年.

川人貞史, 『日本の国会制度と政党政治』, 東京大学出版会, 2005年.

小西洋之, 『日本を戦争する国にしてはいけない: 違憲安保法案「ねつ造」の証明』, WAVE出版, 2015年.

坂中英徳, 『在日韓国・朝鮮人政策論の展開』, 日本加除出版, 1999年.

坂中英徳, 『日本型移民国家の創造』, 東信堂, 2016年.

長野祐也, 『日本が動く時: 政界キーパーソンに聞く』, ぎょうせい, 2015年.

長谷部恭男, 『安保法制の何が問題か』, 岩波書店, 2015年.

渡辺通弘, 『美しい国日本へ: 安倍総理の『美しい国へ』に対比して』, 悠光堂, 2016年 .

Ⅳ. 한국과 일본의 문화교류

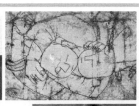

_1_
조선총독부의 한인 성격 기록

전후 미군의 일본점령에 있어서 「일본인론」「일본문화론」에 관한
작품으로 미국의 인류학자 루스 베네딕트(Ruth Benedict)가 전시기
에 집필했다가 1946년에 저술한 『국화와 칼(The Chrysanthemum
and the Sword: Patterns of Japanese Culture)』이 가장 알려지고
있다. 이보다 앞서 조선총독부는 3 · 1 독립운동 이후 한반도 문화통
치의 일환으로 조선인의 문화와 성격을 아주 거칠게 파악하고 저술
을 통해 단상을 나타냈다.

대표적인 사례를 들자면 문화통치 초기에 조선인에 관한 대표적인
연구자였던 다카하시 도루(高橋亨)는 1920년 조선총독부 학무국을
통해 발간한 책『조선인』속에서 다음과 같이 조선인의 특징을 표현
했다. "조선인만큼 모든 일에 순종하는 민족은 드물 것이다. 국가는
중국의 통제에, 상류 사대부들은 국왕의 권력에, 중인과 상민은 계급
제도에 순종하고 관리의 압제에 복종했다. 국민들은 관청의 명령에
얼어 죽거나 굶어죽지 않는 한 세금을 바치지 않는 일이 없었다.[1] 이
러한 단도직입적인 평론 이외에도 다카하시는 문화인류학자로서 조
선의 각종 문화 현상에 대해 방대한 연구결과를 남겼다. 조선의 민중
속담을 정리하면서 그가 논파한 문화인류학적 관점은 오늘날에도 관

---

1) 조선일보, 2010년 6월 27일.

련 연구자들에게 큰 교훈이 되고 있다." 역사 전기가 과거를 이야기함으로써 그 안에 숨겨져 있는 시대정신과 이상의 음향을 들려주며, 그 외 오래된 습관이나 기호(嗜好)는 각각 그 시대마다의 중요한 의미를 가르치는 등, 모두 그 안에 사회생활의 흐름이 소용돌이가 되어 생긴 침전물을 포함하고 있다."[2]

조선총독부 총독관방문서과는 문화통치의 일환으로 식민지 조선의 민속, 풍습, 생활, 언어, 역사, 문화, 민족성, 종교 등을 조사하는 사업을 펼쳤다. 이에 따라 1923년 조사자료 제1집이 출간되었으며 마지막으로 1941년 제47집을 펴냈다.[3] 이 가운데 1927년에 발간된 제20집 『조선인의 사상과 성격(朝鮮人の思想と性格)』은 한민족에 대해 칼로 두부를 자르듯이 지나치게 단순하게 평가한 글도 들어 있지만 곰곰이 반추해보면 한인 스스로가 자성할 수 있는 내용도 풍부하게 포함되어 있다. 이 글을 쓴 사람은 당시 총독관방문서과에 촉탁으로 근무하고 있던 무라야마 지준(村山智順)이라는 인물이다. 그는 도쿄제국대학 출신으로 28세 때 한반도로 건너와 얼마동안 총독부에서 조사 자료집 편찬 사업에 임했다. 일본인의 한인에 대한 평가는 어디까지나 일본인 스스로를 기준점에 둔 것이기 때문에 그들의 평가를 통해서 당시 일본인들의 사상과 성격을 유추해 볼 수 있지 않을까 생각된다.

이 책은 「순량함이 제일의 자랑」이라는 글로 시작하고 있다. "조선인은 실로 순량한 민족이어서 남이 때려도 때리는 대로 맞고 굴욕도

---

2) 다카하시 도루, 『조선이야기집과 속담』, 서울: 박문사, 2016년, p. 11.

3) 青野正明, 「朝鮮総督府による朝鮮の'予言'調査: 村山智順の調査資料を中心に」『桃山学院大学総合研究所紀要』, 33巻3号, 2008年 3月, p. 129.

무라야마 지준의 저서

감수한다. 심지어는 타인이 무엇을 **빼앗아도** 그대로 **빼앗긴다**. 이것을 단순하게 보면 조선인만큼 우매하거나 열등하고, 비겁하며 유약한 사람이 없는 것으로 생각된다. 하지만 사실은 이와 정반대다. 이른바 유연함이 강력함을 제어하고 약자가 강제를 제압하듯이 유약하게 보이는 가운데 무한한 강력함이 숨어 있다. 이 비결은 무엇인가 하면 바로 도덕이다. 장래에는 조선인이 가장 많이 복을 수혜할 것이며 가장 우월한 대우를 받게 될 것이다. 지금 타민족은 모두 재력도 많고 세력도 갖고 있으며 약육강식을 감행하고 있지만 앞으로 다가올 세계에는 평화를 지향하여 본래대로의 순연한 도덕으로 세계가 건설되어 최후의 심판을 내릴 때 조선인은 죄악에 물들지 않은 사람들의 최고 민족으로 우대를 받고 복을 받을 것이다"라고 표현했다.[4]

그리고 「잔인성이 없는 것이 자랑」, 「장래 세계평화의 모범이 될 것이다」, 「윤리 도덕을 최고 덕목으로 삼는다」, 「시력이 좋고 치아가 튼

---

4) 조선총독부(편), 『일제가 식민통치를 위해 분석한 조선인의 사상과 성격』, 서울: 도서출판 지식여행, pp. 36-37.

튼하며 전염병에 대한 저항력이 강하다」, 「여인의 정조는 세계 최고」, 「한글은 자랑거리」 등으로 한인의 장점을 나열하고 있다. 앞의 다카하시 도루의 단적인 평가에 비하면 무라야마는 한민족의 문화에서 나타나는 장점을 가능한 중립적으로 평가하려고 노력했다. 그는 자신이 한반도에 거주할 때는 그다지 장점을 발견하지 못했는데, 일본, 미국, 남양군도, 중국, 러시아 등을 다녀보고나서 비로소 그 장점을 이해하게 되었다고 했다. 그는 "조선의 인심이 순후하고 선량하다. 조선인은 미국인이나 러시아인처럼 음흉하지 않고 일본인처럼 사납지도 않다. 그리고 인도, 남양인처럼 비겁하지도 중국인처럼 지둔하지도 않다. 이것은 지리적 영향도 어느 정도 있겠지만 오랜 문명의 역사를 가지고 있는 동시에 예의도덕을 숭상해 온 까닭이다. 또한 조선만큼 수려한 산수와 신선한 공기를 가진 곳을 찾기 힘들다"라고 했다.[5]

한편 무라야마는 이 책 서문에서 다음과 같이 한인의 장점과 단점을 간략하게 정리하고 있다.[6]

(1) 한인의 민족기질

1. 표면적, 형식적인 것을 좋아한다. 내실이 없다.

2. 부화뇌동 하는 경향이 강하다.

3. 모방성이 강하다. 창의성이 부족하다.

4. 무기력하다.

5. 비겁하다. 회색주의적 경향이 강하며 보신술에 능통하다.

---

5) 앞의 책, pp. 37–45.

6) 앞의 책, pp. 9–16.

6. 이기적인 판단이 강하다.

7. 진지함이 결여되어 있다.

8. 감격성이 부족하다. 누구든지 감격에 충만하여 일하는 자가 없다.

9. 의타심이 강하며 보은성(報恩性)이 결여되어 있다. 배반하기 쉽다.

10. 독립심이 부족하다.

11. 감각이 무디고 인내심이 강하다. 울어도 정말 감정에서 우는 것이 아니다.

12. 각 지방의 특색

– 평안도 · 함경도: 성질이 강경하고 용맹하여 군인에 적합하다.

– 전라도: 기예나 미술공업에 능하다.

– 충청도 · 경기도: 지모변재에 능하여 정치에 적합하다.

– 경상도 · 강원도: 순후 질박하여 문학적 재능이 있다.

– 황해도: 이재(理財)에 우수하여 상업에 적합하다.

(2) 한인의 성격

1. 사상이 완고하고 융통성이 결여되어 있다.

2. 모든 사상은 중국에 종속되어 있고 독창성이 부족하다.

3. 형식주의, 도덕, 윤리적 형식을 중요시하고 실질은 추구하지 않는다.

4. 당파심이 강하여 몇 명만 모이면 당파를 결성하고 파쟁을 벌인다.

5. 일본은 상무(尚武)의 나라인데, 조선은 상문(尚文)의 나라다. 승부를 인정하지 않는다.

6. 심미관이 결여되어 있어, 유물 보존에서 심미관이 있는 일본인과 다르다.

7. 공사(公私) 혼동. 이조가 피폐한 원인은 사복을 채우는 관료, 가족주의에 있다.

8. 관용. 느긋하고 대범하다. 이 성격은 일본인과 비교하여 칭찬할 만하다.

9. 낙천성. 긴장 속에서도 여유를 찾을 줄 안다. 이것도 칭찬할 만하다.

(3) 한인의 선량한 습관

1. 조상숭배

2. 어른존중

3. 근면성

4. 고도의 일본어 숙달

5. 피부 노출을 삼가는 일

6. 추위와 더위에 잘 견디는 습관

7. 건강한 습관. 여성의 자세가 바르고 치아가 튼튼하다.

(4) 한인의 불량한 습관

1. 위생관념의 결핍으로 인한 불결한 습관

2. 공중도덕 결핍. 쓰레기를 마구 버리는 습관

3. 일본인 집에 인사도 없이 들어오는 것. 일본인에게 고가로 물건을 파는 것.

4. 저축심의 결핍

5. 조혼(早婚) 습속

_2_
영화「더 테너」, 배재철과 와지마

  2014년 12월 말 한국의 극장에서 개봉되어 2015년 한 해 동안 널리 알려진 한국 영화「더 테너, 리리코 스핀토」는 한국인 오페라 테너 가수 배재철(裵宰徹)과 일본인 음악 프로듀서 와지마 도타로(輪嶋東太郎)의 휴머니즘 스토리를 바탕으로 제작된 것이다. 김상민 감독이 만든 뮤지컬 영화로 배우 유지태, 차예련, 이세야 유스케(伊勢谷友介) 등이 출연했다. 영화를 만드는 데 제작비가 총 100억 원 가량 투입되었고 2015년 초부터 한국의 극장가에서 널리 상영되었다. 하지만 이 작품은 일반 대중의 관심을 끌기에 실패했고 결과적으로 흥행에 성공하지는 못했다. 2016년 11월 유지태는 일간스포츠 기자와의 인터뷰에서 이 영화의 누적 관객 수가 5만 명에 그쳤다고 고백하고 대중과 소통하는 노력이 부족했다는 점을 반성했다.[7]

  그럼에도 불구하고, 아니 그렇게 때문에, 필자는 이 영화의 실제 내용에 더욱 관심이 끌리고 독자들에게 배재철과 히노하라 · 와지마와의 스토리를 널리 소개하고 싶다. 배재철은 1969년에 대구에서 출생한 한국이 낳은 세계적인 테너 가수로 이미 널리 알려져 있다. 오늘날에 이르기까지「열린음악회」등의 프로그램을 통해 남다른 가창력

---

7) 일간스포츠, 2016년 11월 3일.

과 깊이 있는 울림으로 한국 대중의 사랑을 받고 있다.[8] 한국의 『위키백과』에 따르면, 그의 학력은 한양대학교 성악과 졸업, 이탈리아 베르디 음악원 수료로 되어있다. 그리고 그의 생애에 대해서는 1996년 시미오니토에서 1등 없는 2등, 1998년 도밍고 오페아리타 특별상, 1999년 하오메 아라갈 1등, 2000년 프란체스카 화뜨르 1등에 오르는 등 유럽 각지의 경연대회를 휩쓸고, 2000년 에스토니아의 국립오페라단「라보엠」에서 오페라 가수로 데뷔했다고 화려하게 묘사하고 있다. 그는 세계적으로 희귀한 '리리코 스핀토'의 목소리를 가지고 있으며, 일본에서도 2003년 9월 첫 공연을 시작으로 다수의 팬을 확보했다고 한다.

그러나 배재철은 유럽에서 활발하게 활동하던 중 일생일대의 시련을 겪게 된다. 그것은 2005년 10월 갑상선암으로 판명되어 성대와 횡격막 신경을 잘라내야 하는 수술을 받게 되었기 때문이다. 그는 2006년 4월 수술을 받아 예전의 목소리 성능과 함께 오른쪽 폐의 기능을 상실했다. 그러나 심리적 좌절을 극복하고 그는 2008년 12월 무대에 복귀했다. 그가 무대에 복귀하기까지 와지마는 변함없는 우정을 보였고 끊임없이 그를 격려하고 설득했다. 와지마는 1963년 효고현(兵庫県)에서 출생하여 게이오대학 법학부를 졸업한 후 2년 동안 고시생으로 사법시험에 응시했다가 실패한 인물이다. 그러나 아르바이트로 음악 사무소에서 일한 것이 계기가 되어 1995년 Voice Factory를 창업한 이후 오늘날까지 이 회사를 운영하고 있다. 와지마는 Voice Factory 홈페이지를 통해 테너 가수 배재철과의 만남을 창

8) 톱스타뉴스, 2017년 4얼 16일.

업 후 가장 뜻 깊은 일이었다고 말하고 다음과 같이 두 사람의 해후 과정을 회고했다.[9]

"배재철 가수와 처음 만난 것은 2003년 어느 콘서트를 기획하는 가운데 가수 적임자를 물색하고 있었을 때였습니다. 그는 당시 유럽에서 활동을 시작한 한국인 테너 가수로서 도쿄에서 만났지요. 하네다(羽田) 공항에서 스튜디오로 직행하여 그의 목소리를 들었을 때 깜짝 놀랐습니다. 이제까지 세계 각지로부터 음악을 들었기 때문에 내 귀에 자신을 가지고 있었는데, 초등학교 5학년 때 처음 오페라를 들었을 때 이상의 충격!!, 나의 인생에서 이 이상의 테너 가수와는 결코 만날 수 없어!! 저는 몸에 전율을 느낄 정도로 흥분했습니다. 그리고 그 해 9월 도쿄의 Orchard Hall에서의 일본 데뷔 때는 물론, 2005년 전국 투어 공연을 하면서 대성공을 거두었습니다. 그러나 이듬해 규모를 확대하여 일본 전국 투어 공연을 하자고 기획하는 가운데 배 씨의 갑상선암이 발견되었고 독일에서 수술했지만 배 씨는 목소리를 잃어버렸습니다. 저도 그 일을 알고 일주일 후에 독일로 건너가 그와 깊이 서로 이야기했습니다. 그리고 구세주와 같은 잇시키 노부히코(一色信彦) 교토대 명예교수를 만났고 고난도의 성대 재생 수술 후에 기적과 같은 무대 복귀를 이뤄냈습니다. 2008년 12월에 복귀 공연을 열었을 때 원숙미 넘치는 배 씨의 목소리에 저도 정말 감동했습니다. 이러한 일련의 스토리를 일본의 NHK가 2007년 12월에 제작하여 방영했고 그 이듬해에는 한국의 KBS도 방영하여 영화 「더 테너」로 발전한 것입니다."

---

9) https://www.exa2011.net/mebius-wajima/

배재철과 와지마

영화 상영 이후 와지마는 히노하라 시게아키(日野原重明) 등의 지원을 받는 가운데 2015년 45세의 한국인 테너 가수와 103세의 일본인 의사가 함께 한일 양국의 화해를 노래하는 무대를 기획했다. 이에 맞추어 한국의 신문들은 2015년 7월 일제히 한국인 테너 가수 배재철과 일본인 의사 히노하라의 휴머니즘 스토리를 보도했다.[10] 이후 히노하라 씨는 「기적의 목소리에 실어, '사랑과 살아가는 힘을 당신에게」라고 하는 콘서트를 4차례나 직접 기획하고 주관하여 모두 관객을 가득 채웠다. 히노하라 씨는 이시바시 단잔(石橋湛山) 전 총리의 주치의를 맡을 정도로 인정받는 의사였지만 1970년 3월 도쿄에서 후쿠오카로 가던 비행기에서 일본의 과격파 조직 「적군파」에 납치되면서 인생관이 바뀌었다. 소위 「요도호 사건」으로 납치범들은 평양으로 가자고 했지만 기장은 기지를 발휘하여 김포공항에 착륙한 뒤 평양이

10) 경향신문, 2015년 7월 21일; 동아일보, 2015년 7월 21일.

라고 속였다. 서울에서 풀려난 히노하라 씨는 도쿄로 돌아오면서 "이제 내 목숨은 신으로부터 받은 것이니 다른 사람에게 돌려주겠다. 평화를 위해 목숨을 바치겠다"고 다짐했다고 한다.

영화 포스터

2016년 3월에는 일본 참의원 회관 강당에서 국회의원과 보좌관이 참석한 가운데 「더 테너」가 상영되었다. 국적을 초월한 두 젊은이의 우정, 그리고 절망의 끝에서도 포기하지 않은 음악인의 의지에 감동하여 여러 관객들이 상영 중에 눈물을 훔쳤다. 영화가 끝난 후 배재철이 등장하여 미소라 히바리(美空ひばり)의 노래 「슬픈 술(悲しい酒)」을 기타 반주에 맞추어 불러 관객들의 박수를 받았다. 이 자리에서 배재철은 한일 간 사람들이 서로 소통하지 않으려 하는 것이 문제라고 밝힌 뒤, "나라를 이끄는 사람들이 상대에 대해 이해하려 한다면 한일관계는 더 좋아질 것"이라고 했으며, "영화나 예술이 그런 부분을 매끄

럽게 해 줄 매개체라고 생각한다"고 말했다. 또한 이 자리에는 와지마도 참석했는데, 그는 무대 인사에서 "서로 믿고 서로 밀어주고 서로 사랑하면 반드시 기적이 일어난다"고 했으며 "일본과 한국도 반드시 그렇게 될 것으로 여러분과 함께 믿고 싶다"고 말했다.[11]

---

11) 연합뉴스, 2016년 3월 29일.

_3_
포항 구룡포 일본인 가옥거리

포항의 구룡포 마을의 일본인 가옥거리는 1910년 경 가가와현(香 川県)이나 오카야마현(岡山県) 등 세토나이카이(瀬戸内海)의 어부들 이 한반도로 진출하면서 조성되기 시작되었다. 자그마한 뒷동산에 신사를 세우고 초등학교와 여관, 상점, 식당, 요정 등을 세워 일제강 점기에 상당히 번화로운 마을로 성장했다고 한다. 해방 후 일본인들 이 돌아간 후에도 그들의 건물은 남게 되었고 근래에 들어 건물이 점 차 낡아 못 쓰게 되자 포항시가 예산을 투입하여 복구하고 관광지로 만들고 있다. 오늘날에는 이곳이 포항 유수의 관광명소가 되어 한국 인이나 일본인 가운데 많은 사람들이 방문하고 있다.

이 거리는 어업, 운반업, 가공공장, 선박업 등으로 부유해진 일본인 들이 가옥을 지어 한 곳에 몰려 거주하면서 북적북적해졌다. 1932년 에 287가구 1천 100여 명이 이곳에서 살았다고 기록되어 있으며 구 룡포 지역에서도 이 거리가 가장 번화한 비즈니스 지역이었다는 것 을 미루어 짐작할 수 있다. 아직도 건물 대부분이 원래의 모습을 유지 한 채 보존되어 있고 골목과 마을에는 지역 어르신들이 생활하고 있 거나 일부는 카페, 관광기념품점, 체험관, 마을경로당 등으로 사용되 고 있다. 이곳 관광형 보존지역은 자료와 검증을 토대로 하여 유지되 고 있으며 인위적으로 복원한 곳과는 보존 상태나 그 자체로서의 의 미가 상당히 다르다. 일제강점기에 외형상 화려했던 이곳, 파란의 아

구룡포 일본인 가옥거리

픈 시대를 골목 바람이 훑으며 지나간다. 과거와 현재를 넘나들며 역사와 문화가 맞물려 흘러가고 있다. 100년이 넘은 이 거리 입구에는 마을구판장 같은 가게가 하나 있는데, 그 옛날 고등어를 따라 이주했다고 하는 일본인들의 황금어장, 구룡포 고등어가 골목길 어귀에서 속을 비우고 보슬비와 바람을 맞으며 푸르게 빛나고 있다.[12]

필자는 2016년 7월 2일 포항의 구룡포를 다녀왔다. 2015년 3월 이윤택 연출의 연극 「물고기의 귀향」을 보고 한번 다녀와야겠다고 생각했기 때문이다. 일제시기 한반도에 존재했던 일본인 마을 가운데는 그다지 크지 않았던 곳이며 해방 후 귀환 과정에서도 다른 지역에 비해서는 상대적으로 정치적 격동을 체험하지 않은 곳이다. 그래서인지 한반도 일본인의 귀환에 관한 교과서적인 연구서라고 할 수 있는 『조선종전의 기록』에서 저자 모리타 요시오(森田芳夫)는 구룡포

---

12) 울산제일일보, 2015년 5월 31일.

거주 일본인의 귀환에 관하여 직접적인 언급을 하고 있지 않다.[13] 다만 미군정청 난민과장 윌리엄 게인(William Gane) 중위의 기록[14]을 재인용하여 1945년 12월 28일 현재 포항에 50명의 일본인이 남았다고만 언급했다. 그렇지만 여기에 일본인이 40년 동안이나 거주했기 때문에 패전과 해방의 공간에서 개개인의 고뇌와 인간 스토리가 없었을 리 없다. 마침 전날부터 울산과 포항 사이에 고속도로가 개통되어 접근이 매우 쉬워졌기 때문에 호미곶과 경주를 다녀오는 길에 필자는 짧은 시간에 구룡포 일본인 가옥거리를 돌아볼 수 있게 되었다.

---

13) 森田芳夫, 『朝鮮終戦の記録: 米ソ両軍の進駐と日本人の引揚』, 東京: 巌南堂書店, 1964年.

14) William J. Gane, *REPATRIATION: FROM 25 SEPTEMBER 1945 TO 31 DECEMBER 1945*, Seoul: USAMGIK Foreign Affairs Section, 1947, p. 27.

_4_
야마모토 마사코 부인과 화가 이중섭

  2016년 6월 3일부터 10월 3일까지 국립현대미술관 덕수궁관에서
는 「이중섭, 백년의 신화」 전시회가 열렸다. 이 전시회는 국립현대미
술관과 조선일보, 그리고 서귀포의 이중섭 미술관이 공동 주최했다.
전시회가 서울에서 예상 밖의 대중적 인기를 모으자 공동 주최 기관
은 부산시립미술관에서 2016년 10월 20일부터 2017년 2월 26일까
지 전시회를 열었다. 필자는 2016년 6월 3일 서울에서 발표를 마치
고 그날 오후에 덕수궁을 찾았다. 전시회의 주최 기관인 조선일보의
보도 내용을 기초로 하여 야마모토 마사코(山本方子) 부인과 화가 이
중섭 사이의 애절한 사랑을 되새기고자 한다. 야마모토 부인은 2016
년 당시 95세였으며 한국에 살 때 이남덕(李南德)이라는 이름을 사용
했다. 5월 30일자 조선일보는 95세가 된 야마모토 할머니가 도쿄 세
다가야(世田谷)에서 상상 속의 젊은이 화가 이중섭에게 편지를 보낸
다는 형식으로 젊은 시절의 애틋한 사랑을 회고하고 있다.[15]

  야마모토는 한국인 대중에게 가장 사랑받는 화가 이중섭의 아내
이기도 하지만 이중섭과의 사이에서 태어난 두 아들의 어머니이기
도 하다. 그녀는 이중섭을 「아고리」라는 애칭으로 불렀다. 생전 이중
섭의 턱이 길었기 때문에 일본어로 턱을 뜻하는 「아고」(顎)와 이중섭

---

15) 조선일보, 2016년 5월 31일.

의 성인 「리」(李)를 합친 말을 애칭으로 사용했다. "당신이 태어난 지 100년, 세상과 이별한 지 60년 되었어요. 시간 참 빨리도 흘러요, 그렇죠? 요즘도 꿈에 가끔 당신이 나와요. 장남 태현이와 차남 태성이하고 아이처럼 장난치면서 그림을 그리는 당신이 말이에요. 꿈속 당신의 시계는 멈췄는지 서른 얼굴 그대로인데 나는 이렇게 늙어버렸네요. 언젠가는 세상 사람들이 당신 그림을 알아볼 거라고 나는 믿었어요. 그래도 한국의 초등학생까지 다 아는 '국민화가'가 되리라고는 상상도 못했지요. 이토록 기쁠 수가 있나요. 당신이 함께 있으면 얼마나 좋을까요."

"전시가 열리는 덕수궁은 1945년에 내가 현해탄을 건너 천신만고 끝에 당신과 재회한 반도호텔 근처라고 하네요. 기억나세요? 원산으로 돌아간 당신을 2년 넘게 기다리던 내게 다급하게 보냈던 전보. 집안에서 결혼 승낙 받았다고 빨리 오라고 했지요. 백방으로 수소문해서 친정아버지가 배표를 구해주셨어요. 아고리가 우리 집에 처음 인사 왔을 때 〈조선 사람인 건 상관없는데 화가라 식구 제대로 먹여 살릴 수 있겠나〉 걱정했던 그 아버지께서요. 무작정 시모노세키로 갔지요. 이틀치 끼니 때울 쌀만 들고. 그런데 기뢰(機雷)가 폭발해 시모노세키 배편이 끊어져 며칠을 기다리다 하카타에서 겨우 배에 오를 수 있었죠."

"태평양전쟁 막바지 미군 공습으로 머리 위로 시커멓게 떨어지는 폭탄도 두렵지 않았어요. 그토록 그리던 아고리를 만나러 가는 길이었으니까요. 그 용기가 어디에서 나왔을까요. 그거 알아요? 「문화학원」에 나와 이름 똑같은 학생이 하나 더 있었다는 거. 나중에 친구들이 전쟁통에 아고리 만나러 간 마사코가 자그맣고 조용했던 나였다

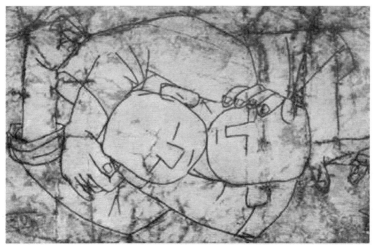

야마모토 부인과의 사랑을 그린 이중섭의 은박화

는 사실을 알고 다들 놀랐다지요. 부산에서 다시 기차 타고 서울 반도
호텔에 도착해서 당신에게 전화를 걸었어요. 원산에서 달려온 당신
의 커다란 손에는 삶은 계란과 사과가 한 가득이었어요. 꿀 같은 사과
맛, 아고리의 따스한 품. 70년이 넘어도 생생하답니다."

"아고리를 처음 봤을 때가 기억나요. 1939년 「문화학원」 미술과에
함께 다닐 때 2층 우리 교실에서 당신이 배구하던 모습을 봤어요. 지
주 집안 부잣집 도련님답게 당신은 마음이 넉넉했어요. 낭만 넘치는
괴짜이기도 했지요. 유학 시절 이노카시라(井の頭) 공원 근처에서 살
때 하숙방 한 가운데에 난(蘭)을 두고 키웠던 기억이 나네요. 온갖 화
구 뒤죽박죽 뒹구는 좁은 방에서 당시로선 고가 식물이었던 난초를
고이 키웠어요. 망중한(忙中閑)의 풍류를 아는 멋쟁이였어요. 소설은
싫다고 했지만 시는 좋아했지요. 문학소녀였던 내게 보들레르, 릴케
의 시를 멋들어지게 써서 편지를 보내곤 했지요."

"원산의 신혼 생활은 축복이었어요. 그런데 하늘이 우리의 행복을

시샘했을까요. 전쟁이란 불청객이 찾아왔지요. 6·25가 터지고 그해 12월 미군 물자 수송선 타고 원산에서 부산으로 피란 갔어요. 당신은 화구부터 챙겼지요. 그게 마지막 배였다지요? 그 배를 못 탔다면 '한국의 이중섭'은 없었을지도 모르겠어요. 이듬해 1월 부산에서 다시 서귀포로 옮겼지요. 우리가 도착한 날, 제주도에 함박눈이 쏟아졌어요. 아고리는 태현이 손을 잡고, 나는 태성이 업고 걷고 또 걸었어요. 배급받은 식량이 바닥나면 농가를 기웃거리고 마구간에서도 잤어요. 먹을 게 없어 게를 참 많이 잡아먹었어요. 밀물 들어온 줄도 모르고 정신없이 잡았지요. 한라산 보이는 들판에서 부추 따서 허기 채우고. 당신이 그랬지요. 게의 넋을 달래려 게를 그린다고. 피란 시절 당신은 밤중까지 부두 노동자로 일했지만 붓을 놓지 않았어요. 아고리는 그림을 위해 태어난 사람이었어요."

"1952년 태현이와 내 건강이 너무 안 좋아 당신을 홀로 남겨두고 부산을 떠났지요. 돌아서는데 눈물이 멈추지 않았어요. 당신이 아이들과 내게 보낸 그림 편지를 읽을 때마다 가슴이 무너졌어요. 홀로 남아서 그림을 그리는 당신 모습이 어찌나 애처로웠던지요. 이듬해 당신이 선원증을 구해 일주일간 도쿄에 왔을 때 세상 다 가진 듯 기뻤어요. 선원증으로는 원래 히로시마항에 내릴 수만 있고 도쿄까지 올 수 없었는데 친정어머니가 친분 있던 농림 대신에게 부탁해서 겨우 만날 수 있었지요. 그게 마지막이란 걸 알았다면 가족사진 한 장이라도 남기는 건데, 내내 후회했어요. 1956년 집으로 전보가 날라왔어요. 한동안 소식이 끊겼던 터라 불길한 예감이 스쳤어요. 세상에, 당신이 죽었다니…. 눈을 비비고 몇 번이나 다시 봤어요. 바로 서울로 날아가 확인하고 싶었지만 국교 단절 때문에 갈 수 없었어요."

"당신 없는 세상은 힘겨웠지만 외롭지만은 않았어요. 아고리가 남기고 간 두 아이가 내 마음의 기둥이 되어 주었으니까요. 어찌어찌 키우다 보니 여기까지 왔고요. 사람들이 종종 물어요. 당신과의 결혼, 후회하지 않느냐고. 전쟁이 없었더라면 우리 인생이 달라졌을 수는 있겠죠. 하지만 아고리, 나는 우리의 사랑을 단 한 번도 후회한 적이 없어요. 다시 태어난다고 해도 당신과 함께할 거예요. 우리는 운명이니까요."

_5_

모토시마 히토시 전 나가사키 시장

2014년 92세로 작고한 모토시마 히토시(本島等) 전 나가사키 시장
에게 한국정부가 2015년 3월 표창장을 수여하고 그의 공덕을 치하했
다. 모토시마는 일왕의 전쟁책임을 언급하고 생전에 한인 원폭 피해
자들을 물심양면으로 지원했다. 박진웅 후쿠오카 한국 총영사는 나
가사키시를 방문하고 모토시마 씨의 부인 스에코 여사에게 한국정부
의 표창장을 전달했다. 모토시마 씨는 1992년에 한국을 방문하여 한
인 원폭 피해자를 위문했으며 그 후에도 한인 원폭 피해자 단체에 대
한 지원을 계속했다. 모토시마 전 시장은 1990년 나가사키 시장으로
서는 처음으로 일본에 징용됐다가 피폭당한 조선·중국인 등에게 사
죄의 뜻을 표명했다. 또 1992년에는 한국을 방문해 피폭자에 대한 사
과의 뜻을 전했고, 그 후로도 한국의 원폭 피해자 단체를 지원했다.
그는 2002년 한국 피폭자단체와 나가사키 피폭 2세 교직원회가 제정
한 '제1회 한일평화교류공적상'을 수상하기도 했다.[16]

그는 2014년 10월 폐렴으로 세상을 떠났다. 그는 나가사키현 쓰와
자키 고(津和崎郷)에서 1923년에 때어났다. 그는 숨어서 남몰래 기
독교 신앙을 지켜간 일본인 조상을 둔 뿌리 깊은 천주교 교도였으며,
모친이 미혼 상태로 그를 낳았기 때문에 전쟁 기간 중에 간첩 의혹을

---

16) 연합뉴스, 2015년 3월 13일.

本島等 (연합뉴스 자료사진)

받은 일도 있다. 전쟁 막바지에 이르러 21살의 나이에 징병되어 견습 사관으로 신병들에게 대포 쏘는 법을 가르치기도 했다. 전쟁이 끝난 후 교토대학 공학부에 입학했으며 재학 중에 교토 천주교 학생연맹의 위원장을 맡기도 했다. 27살 때 대학을 졸업했고 그 후 교원 생활을 거쳐 나가사키현의 의회 의원을 역임한 뒤 1979년에 나가사키 시장으로 당선되었다.

　일본에서 그는 한국 피폭자 지원자로서 보다는 일왕의 전쟁책임을 주장한 인물로서 더욱 유명하다. 자민당 소속으로 나가사키 시장을 1995년까지 4차례 연임하는 가운데, 1988년 12월 시의회에서 "천황에게 전쟁책임이 있다고 생각한다"고 발언한 이후 그는 우익의 협박에 시달려야 했다. 본래 그의 발언의 내용은 "천황의 전쟁책임도 있다고 생각한다. 그러나 대다수 일본인이나 연합국군의 의지에 따라 책임을 면하게 되었고 새로운 헌법 아래에서 상징적인 존재가 되었다. 우리도 이에 따르지 않으면 안 된다고 해석하고 있다"고 하는 것이었는데, 일본의 매스컴들이 앞 다투어 "천황의 전쟁책임이 있다고 생각한다"라고 하는 부분만을 강조하는 형태로 보도하면서 그는 반(反) 일본적인 영웅으로 승화되어 갔다.[17]

당시 쇼와 일왕은 중병을 앓고 있었고 죽음을 바로 앞두고 있는 상태였기 때문에 일본 전체가 서로 자숙하는 분위기에 휩싸여 있었다. 그런데 시의회에서 공산당 소속 의원으로부터 쇼와 일왕의 전쟁책임 여부에 관한 질의를 받은 그는 "오늘날 해외에서 보도되고 있는 기사나 자신이 겪은 군대경험을 생각해 보면 전후 43년이 지난 시점에 과연 그 전쟁이 무엇이었는지 충분히 반성할 수 있다. 내가 실제로 군대생활을 하고 군사교육을 받은 측면에서 천황의 전쟁책임이 있다고 생각한다"고 답변했다. 같은 날의 기자회견에서도 그는 "천황이 중신들의 의견 제시에 응하여 전쟁종결을 일찍 결단했더라면 오키나와 전투나 히로시마 · 나가사키 원폭투하도 없었을 것"이라고 거듭 발언했다. 이윽고 자민당 조직 등에서 「발언 철회」를 요구했지만, 그는 "자신의 양심을 배반할 수 없다"며 발언을 철회하지 않았다. 그의 발언 이후 다수 우익계 인사와 조직이 그를 비난하고 80대 이상의 우익 차량들이 시청사 앞에서 그를 성토했다.[18]

그 후 일본 국내외에서 모토시마를 성토하거나 지지하는 서신이 나가사키 시에 수 없이 날아왔는데 그를 지지하는 한 사람의 서신을 인터넷 자료에서 인용하고자 한다. 1988년 12월 도야마현(富山県)에 거주하는 당시 72세 남성으로 가네다 산키치(金田三吉)라는 사람

---

17) 「ウィキペディア：フリー百科事典」, https://ja.wikipedia.org/wiki/本島等
18) 朝日新聞, 2007年 4月 18日(夕刊).

의 편지다.

"올바른 것을 주장하는 용기는 어느 세계에서도 가장 필요한 것이다. 그런데 마치 햇빛을 막으려는 듯, 긴 천을 휘감고 부화뇌동하듯이 짧은 말을 일삼는 자가 올바른 것을 굽히고 파벌을 만들어 권력을 악용하여 세상의 흐름을 크게 바꾼 불행한 사례가 우리나라에 많이 있었다. 대동아전쟁을 일으킨 자는 반드시 있었다. 완패한 것이다. 그 책임을 지는 것은 당연하다. 「천황에 전쟁책임이 있다」고 하는 것은 일본국민의 일반적인 생각이다. 대동아전쟁을 시작할 때, 「전쟁반대」「전쟁회피」라고 용기를 가지고 공식발언에 일관한 사람이 있었다면 그는 그때 죽임을 당했을지 모르지만 일본의 역사는 분명히 바뀌었을 것이다. 그런데 정의를 외치는 용감한 자가 나오지 않았기 때문에 불행한 전쟁이 된 것이다."

"이번에 당신께서 행한 공식발언은 죽음을 각오한 것으로 용기 있

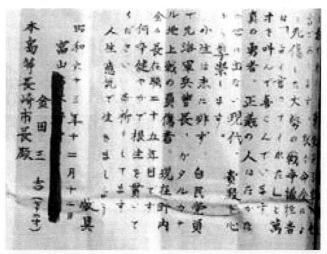

모토시마 히토시(本島等) 시장에게 보낸 가네다 산키치(金田三吉)의 편지

고 고귀한 것이었습니다. 천황의 명령에 따라 죽고 다친 많은 전쟁 희생자들은 「잘 말씀해 주셨다」고 만세를 부르며 기뻐하고 있습니다. 진정 용기 있는 자나 정의의 사람이 좀처럼 보이지 않는 현대에서, 당신을 진심으로 존경합니다. 소생은 빨갱이도 아니며 자민당 당원으로 과거 전시에 해군 준사관이었으며 과달카날(Guadalcanal) 지상전투에서 부상을 입었습니다. 현재는 25년째 마을 대표에 재직하고 있습니다. 아무쪼록 건투를 빌며 의지를 굽히지 말아 주십시오. 기도하고 있겠습니다. 인생, 의지로 살아가십시다. 1988년 12월 12일."

_6_
일본인 언론인 와카미야 요시부미

한국과 일본의 관계발전과 소통에 중요한 역할을 해 오던 와카미야 요시부미(若宮啓文) 전 아사히신문 주필이 2016년 4월 28일 68세의 나이로 영면했다. 고인은 그날 한중일 3국 심포지엄 참석차 중국 베이징에 체류하던 호텔에서 숨진 채 발견됐다. 인터넷에서는 암살로 인한 사망설이 나돌고 있는데 현지 경찰 조사 결과 외상이 없었던 것으로 보아 심장마비에 의한 사망이 유력하다.[19] 고인은 전형적인 언론인으로서 일관되게 한일 그리고 중일 관계의 중요성 등 동아시아의 화해와 관계 발전을 강조해 왔다. 일본의 식민지배와 침략을 반성하고 사죄한 1995년 무라야마 담화의 기조를 계승하라는 주장도 여러 차례 개진했다. 그는 생전에 한국에 우호적인 시각과 발언을 했으며 일본 정·관계에 폭넓은 영향력을 발휘하면서 한일관계 발전에 힘써 왔다. 2006년 요미우리신문의 와타나베 쓰네오(渡邊恒雄) 주필과 나눈 대담 등을 통하여 고이즈미 총리의 야스쿠니 신사 참배를 공개적으로 반대했다. 2013년 아사히신문을 떠난 뒤에도 공익법인 일본국제교류센터 시니어 펠로우, 한국 동서대 석좌교수 등을 맡아 한일 교류에 깊이 관여하면서 다방면에 걸쳐 두 나라의 관계 개선을 위한 제언을 계속 이어나갔다.

---

19) 서울신문, 2016년 4월 30일.

생전의 와카미야

　이하, 일본어판 위키피디아 백과사전을 참고하며 그의 생전 활동
을 소개하고자 한다.[20] 와카미야는 1948년 1월 도쿄에서 태어났다.
1970년에 도쿄대학 법학부를 졸업했는데 재학 중이던 1969년 1월
도쿄대학 야스다(安田) 강당이 신좌파 학생들에게 점거되었다가 경
찰력에 의해 강제 해산된 소위 「야스다강당사건」을 목격하게 된다.
1970년 아사히신문사에 입사하여 요코하마(横浜) 지국에 부임하면
서 언론인으로서 첫 발을 내딛었다. 1972년 9월 나가노(長野) 지국
으로 부임지를 옮겨 아사히신문 나가노판에 피차별부락에 관한 칼럼
을 장기적으로 게재하여 일본 언론계에서 주목받는 인물이 되었다.
1975년 5월에는 도쿄 본사의 정치부로 들어가 「록히드사건」 전후의
미키 다케오(三木武夫) 정권, 신자유클럽 결성 등 정치적인 격동 상
황을 보도했다. 뿐만 아니라 전두환 대통령의 일본방문, 나카소네 총
리의 야스쿠니 공식참배, 미야자와 기이치(宮澤喜一) 내각 때의 일왕

20)「ウィキペディア: フリー百科事典」, https://ja.wikipedia.org/wiki/若宮啓文

중국방문 등을 비롯하여 냉전 종결 전후의 여러 가지 외교문제를 취재했다. 그 후 그는 논설위원과 정치부장을 역임했다.

그가 한일관계에 관심을 가지게 된 것은 1979년 방위청 장관을 따라 평양을 방문하여 김일성을 만나고 나서부터라고 한다. 이에 따라 1981년 9월부터 1년간 연세대어학당에서 우리말을 습득하고 1993년에 발족한 「일한 포럼」 등에 적극 참여했다. 그는 1995년 아사히신문의 사설을 통해 월드컵 축구대회를 한일 공동으로 개최하자고 제안하기도 했다.[21] 2001년 5월부터 워싱턴에 있는 브루킹스연구소(The Brookings Institution)의 객원연구원으로 있을 때 「9 · 11 테러」를 목격했다. 이듬해 9월에 논설주간이 되어 5년 동안 아사히신문 사설의 논조를 주도해 나갔다. 요미우리신문이나 산케이신문 등과 달리 아사히신문은 이라크 파병에 반대하고 총리의 야스쿠니 참배를 비판하면서 진보적인 색깔을 분명히 했다.

이 시기에 그는 신문의 사설과는 별도로 「풍고계(風考計)」라고 하는 칼럼을 통해서도 자신의 생각을 나타냈다. 그는 한일관계와 관련하여 2005년 3월에 "자신의 몽상이라는 점을 전제로 하고 독도를 한국에 양보하고 우정의 섬으로 하자"고 제안했다.[22] 또한 2005년 9월에 일제강점기 조선인의 역사를 「비애(悲哀)」의 역사라고 했고 그러한 전제 아래에서 한일 양국의 관계나 양국 국민의 화해를 주장했다.[23] 필자는 2006년 단행본을 통해서 그의 칼럼 가운데 「비애」의 역

---

21) 朝日新聞社說, 1995年 5月 26日.

22) 朝日新聞, 1995年 3月 27日.

23) 朝日新聞, 1995年 9月 26日.

사를 강조한 칼럼, 「〈겨울연가〉와 〈호타루〉를 잇는 것」을 인용하여 소개했으며,[24] 2006년 12월로 41회 째를 맞는 「풍고계」가 종료되는 것에 대해서, 일본사회의 보수화 현상 가운데 하나로 보고 이에 관한 평론을 2008년 단행본에 실었다.[25] 아울러 2006년 2월 도쿄에서 열린 재일한인 변호사 김경득(金敬得)을 추모하는 모임에서부터 개인적으로 그와 친분 관계를 갖게 되었다.

2011년 5월 그는 아사히신문의 주필에 올랐다. 2012년 3월 한일관계 현안이 되고 있던 「일본군위안부」 문제에 대해 1995년 아시아여성을 위한 평화국민기금의 실적을 살려서 새롭게 노다 요시히코(野田佳彦) 내각의 사죄를 전달하자고 하는 타개책을 칼럼을 통해 제시했다.[26] 2013년 1월 그는 65세가 되어 아사히신문사에서 퇴직했다. 그해 9월 치쿠마프리마 신서에서 출간한 그의 저서 『신문기자: 현대사를 기록한다』(新聞記者: 現代史を記録する)를 통해 "「일본군위안부」 문제에 대해 아사히신문도 열심히 보도한 시기가 있었다. 그 가운데 모집과정에서 강제적으로 납치했다고 하는 증언을 곧이곧대로 믿고 확인하지도 않은 채 기사로 내놓았다"고 실토하여, 다른 신문사나 우익 보수계 인터넷으로부터 「일본군위안부」 문제에 관한 아사히신문의 책임을 추궁당하는 사태가 발생했다.

와카미야의 서거 직후 조선일보 논설위원 선우정은 「만물상」에 다음과 같이 언론인 와카미야를 추모하는 글을 실었다.[27] "와카미야는

---

24) 최영호, 『한일관계의 흐름 2004-2005』, 서울: 논형, 2006년, pp. 68-70.

25) 최영호, 『한일관계의 흐름 2006-2007』, 서울: 논형, 2008년, pp. 133-137.

26) 朝日新聞, 2012年 3月 26日; 동아일보, 2012년 4월 5일.

27) 조선일보, 2016년 4월 30일.

11년 전 「독도 양보」를 시사하는 칼럼으로 우리에게 환영받았다. 반대로 일본에선 살벌한 협박에 시달렸다. 양국 사이에 마찰이 일 때마다 상대를 이해하자는 쪽에 선 언론인이었다. 한국을 위해서였을까. 그보다는 역사의 짐을 지고 동북아와 공존할 수밖에 없는 일본을 위해 그랬을 것이다. 2015년 말 한국 검찰이 위안부 기술 문제로 박유하 교수를 기소했을 때 그는 미일 지식인의 항의 성명을 주도했다. 이번에는 한국의 양식(良識)을 걱정했기 때문이라고 나는 믿는다. 한일 관계가 나빴던 십수 년 동안 인내하면서 상대에 대한 애정과 예의, 겸손을 잃지 않은 일본인은 몇 안 된다. 와카미야는 그런 드문 일본인이었다. 엊그제 그가 동북아 협력을 모색하는 심포지엄에 참석하러 간 베이징에서 급서(急逝)했다. 두 나라 사이에 그의 역할을 대신할 일본인이 다시 나타날 수 있을까.

참고문헌

권오기 · 와카미야 요시부미, 『한국과 일본국』, 샘터사, 2005년.

다카하시 도루, 『식민지 조선인을 논하다: 다카하시 도루가 쓰고 조선총독부가
    펴낸 책 朝鮮人』, 동국대학교출판부, 2010년.

류시철, 『은박지에 그린 사랑: 천재화가 이중섭 이야기』, 한라, 1992년.

박동수, 『핵, 끝나지 않은 형벌: 한국인 원폭 피해자 르포』, 한들출판사,
    2013년.

윤혜영, 『구룡포 일식주택 집거지역 역사문화 체험공간 계획』, 서울대학교 석
    사학위논문, 2010년

이중섭 · 고은, 『화가 이중섭: 한 예술가의 비극적 삶과 예술의 성취』, 민음사,
    1999년.

이치바 준코, 『삼중고를 겪어온 한국인 원폭피해자들: 한국 원폭피해자를 구원
    하는 시민회』, 역사문제연구소, 1999년.

조선총독부(편), 김문학(역), 『일제가 식민통치를 위해 분석한 조선인의 사상과
    성격』, 도서출판 지식여행, 2010년.

허광무, 『히로시마 · 나가사키 조선인 원폭피해에 대한 진상조사: 강제동원된
    조선인 노무자를 중심으로』, 대일항쟁기강제동원피해조사및국외강제
    동원희생자등지원위원회, 2011년.

황동남, 『나가사키 (장기)에 살고 있는 원폭피해 한인들』, 한국사진학회, 2000년.

POHANG CITY, 『포항시 문화관광』, POHANG CITY, 2010년.

慶尙北道, 『九龍浦港擴築工事竣功記念』, 慶尙北道, 1935年.

朴重信·金泰永·布野修司, 「韓国·九龍浦の日本人移住漁村の居住空間構成
    とその変容」, 『日本建築学会計画系論文集』, 595号, 2005年9月.

趙重義·權善熙, 『韓国内の日本人村: 浦項九龍浦で暮した』, 図書出版アルコ,
    2009年.

大村益夫, 『風と石と菜の花と: 済州島詩人選』, 新幹社, 2009年.

高橋亨, 『朝鮮人』, 朝鮮総督府学務局, 1920年.

平野伸人, 『回想本島等』, 長崎新聞社, 2015年.

松岡とも子,「世界のくらしと文化 韓国(1)画家・李仲燮(イ・ジュンソプ): 幸せな
　　家族図、いくつもの画家の姿」,『人権と部落問題』, 69巻5号, 2017年
　　4月.

本島等・森村誠一・柴野徹夫,『私たちは戦争が好きだった: 被爆地・長崎から考
　　える核廃絶への道』, 朝日新聞社, 2000年.

若宮啓文,『戦後70年保守のアジア観』, 朝日新聞出版, 2014年.

若宮啓文,『和解とナショナリズム: 新版・戦後保守のアジア観』, 朝日新聞社,
　　2006年.

崎朝鮮人被爆者実態調査団,『朝鮮人被爆者の実態報告書』, 広島・長崎朝
　　鮮人被爆者実態調査団事務局, 1979年.

V. 일본문화의 변방
- 재일한인과 재조일본인

_1_
조선민중신문 제4호

일본의 조선대학교 역사자료실이 조선민중신문(朝鮮民衆新聞) 1945년 11월 25일자(제4호)를 입수했다고 하여 이 대학 역사학과 K 교수로부터 2016년 12월 도쿄 우에노(上野) 역 앞에서 복사본을 전달받았다. 필자는 해방직후 재일동포 사회의 형성 과정에 관한 역사적 자료를 수집 분석해 오고 있는 가운데 이렇게 하여 또 하나의 중요한 자료를 열람하게 되었다. 필자는 이미 1990년에 이 신문 1945년 10월 15일자 〈특집호〉 원본을 발견하여 그 기사 내용을 세상에 알렸으며 해당 원본을 「재일한인역사관」에 기증한 바 있다. 조선민중신문의 발행인은 〈특집호〉와 〈제4호〉 모두 편집 겸 발행인 김계담(金桂淡)으로 되어 있고, 〈제4호〉에 들어 발행 주소가 東京 淀橋區 戶塚 4-765 조선민중신문사로 밝혀졌고 당시 한 부당 가격이 20전이었다는 것이 확인되었다.

조선민중신문은 〈특집호〉와 〈제4호〉가 모두 순간(旬刊)임을 밝히고 있어, 창간 시점을 거슬러 올라가다보면 이미 발견된 10월 15일자 〈특집호〉가 사실상 창간호임을 알 수 있다. 또한 1945년 11월 25일 시점은 해방된 한반도로 귀국하는 조선인의 동향이 매우 활발한 시점이었고 「재일본조선인연맹(조련)」의 귀환자 원호 활동을 비롯하여 조직 활동이 왕성한 시기였다. 아울러 점령군이 일본 각지에 진주하고 있던 시기로써, 해방된 재일동포에 대한 처우가 한 때 양호해진 시기였다. 〈제4호〉에는 「조선건국촉진청년동맹」(건청) 창설에 대한 조련 측의 적대적인 태도가 심하지 않다는 것을 알 수 있다. 아직은 재일한 인 사회에 좌우이념 대립이 가시화 되지 않은 시기였다는 것을 잘 말해 주고 있으며 이 시기 조련이 조선인 귀환 업무에 관여하게 되는 과정을 간결하고 명확하게 알려주고 있다.

이 신문의 제1면은 「청년제군에게!!」라고 하는 장문의 사설로부터 시작하고 있다. 아직 한반도에서 한글 활자를 구입하지 못하여 등사 판에 철필로 긁어 쓴 신문이다. 이 신문은 실질적으로 조련의 기관 지와 같은 성격을 기자고 있었다. 비록 다소 조잡하게 쓰인 이 사설 을 통하여, 당시 조련의 주력 활동가들이 공산주의 이념으로 뭉칠 것 을 호소하는 동시에, 건청의 창설을 주시하는 가운데 조련 조직을 분 열시키려는 「친일분자」들의 책동에 놀아나고 있다고 비판하고 있다. 1946년 1월부터 반탁 운동을 통하여 재일한인 사회에서도 좌우대립 이 본격화 되는데, 이미 1945년 11월에 우파적 청년 단체가 결성되 면서부터 조련을 통한 민족 연합체가 분열되어가고, 좌우대립의 싹 이 자라게 된다. 이 신문 자료는 1945년 11월 시점의 역사적 사실을 잘 보여주고 있다.

또한 조선인 강제동원 노무자의 귀국을 지원하다는 명목으로, 일본 정부가 일시적으로 혹은 암묵적으로 조련을 조선인 대표단체로 인정 하고 공식적인 원호활동에 나서도록 했다는 것을 확인할 수 있다. 조 련이 일본정부로부터 대표적인 단체로 인정을 받게 된 것은 조련의 재정 확대에 중요한 호조건이 되었을 것으로 추정된다. 다소 장황한 내용을 서술하고 있지만 역사적 자료로 간주하여 부분적으로 현대 어 법으로 고쳐서 이를 소개한다.

(1면) 「청년제군에게!!」

공산주의는 장래의 몽상이 아니라 눈앞에 닥쳐온 현실이다. 조선을 보더라도 38도 이남에 있어서는 우월적 세력을 가진 사상이요, 이북에 있어서는 절대적 지배적 세력이다. 그것은 벌써 조선으로 돌아간 이승만 박사가 남조선에 있는 72개 정당 중에서 공산주의나 혹은 공산주의 영향 하에 있지 않은 정당은 불과 두 단체라는, 이 성명을 보더라도 대략 조선을 장차 지도할 세력이 무엇인 것을 알 수 있는 것이다. 중국의 정세를 보더라도 연안(延安) 정권 하에 있는 인민의 수가 8천 4백 만이라고 한다. 이 숫자는 종전 전의 숫자였으나 현재에 있어서는 벌써 신문에 발표된 바와 같이 중국공산군은 만주를 점령하고 있으며 장개석의 국민정부 하에 있는 일반 대중도 이제는 그 국민정부를 지지하는 사람이 적다고 한다. 일본의 정세를 보더라도 과거 20년 전의 그 포악한 일본제국주의의 탄압 하에 있어서도 공산당을 지지하는 대중은 당의 깃발 아래에 수십 만이 동원되고 있었다. 현재에 있어서는 당이 대중적 활동의 제1보에서 그 활동의 영향을 널리 광범한 대중에게 주지 못하고 있으나, 그러나 패전된 일본의 인민대중의 현재의 곤궁과 기아상태를 해결하는 혁명적 세력은 오직 공산당이요, 그 정책이라는 것은 벌써 연합군이 자각을 하고 철창에 있는 공산주의자들을 석방하지 않으면 안 되는 사태에 이르렀다는 것은 오늘날 누구나 다 추측하는 바이다.

그것은 무슨 이유일까? 다름이 아니라 공산주의는 인구의 대부분을 점령하고 있는 무산대중, 특히 노동계급의 해방의 사상적 무기인 까닭이다. 그러므로 이 사상은 지식층이나 혹은 소시민층이나 더욱이 과거에 있어서 「부르조아」 학문이 뇌수에 침투된 학생 청년들에게는 그다지 용이하게 뇌수에 들어가지 않으나 노력하는 근로자 대중에게 있어서 공산주의는 아주 용이하게 이해되는 것이다. 인민의 대부분이 새로운 대중인 이상, 이 주의가 결국 대중의 지지를 받고 그들의 해방을 위한 절대적으로 우세한 사상이 될 것은 누구에게도 명백한 이치라고 생각된다.

그러므로 과거에 있어서 조선의 독립을 위하고 정의와 인도에 입각한 이상적 사회를 건설하려고 열정을 가진 청년 학생들은 결국 이 공산주의의 길로 들어오지 않을 수 없었고 또 사실 과거에 조선의 해방운동에 있어서 거대한 추진력을 가진 자는 역시 건실한 학생 청년이었다. 현재에 있어서도 8·15 이후에 조선의 학생 청년들의 열정은 정치적으로나 사회적으로 아주 큰 약동을 개시하고 있다. 벌써 도쿄에서는 「학생청년동맹」이 조직되고 새로이 「건국촉진청년동맹」도 조직되었다. 그러나 그 내용을 살펴보고, 또 그 동맹이 주최한 대회석상에 참가하여 젊은 청년 학생들의 피 끓는 그 언론이라든가, 혹은 패기 좋은 청년의 열정적 행동이라든지 그 외 모든 단체의 공기와 같은 것을 상세하게 살펴볼 때, 우리들로서는 일본에 있는 조선 청년 학생들이 아직껏 나아갈 길을 명확하게 찾지 못하고 오리무중 속에서 방황하고 있는 사실을 목격하지 않을 수 없다.

이래서야 조선의 장래를 짊어질 조선의 학생 청년들이 너무나 사상적으로 어리다고 하지 않을 수 없다. 물론 과거 오랫동안 제국주의적 식민지 정책 하에서 노예교육을 받아온 우리들로서, 더욱이 대동아전쟁 이후로부터 강요를 당한 군국주의적 교육을 받아 온 조선의 학생 청년으로서는 세계의 역사적 전환에 따른 정세와 그 사상 여하는 일조일석으로 그것을 명확하게 파악하기는 아주 곤란하리라고 추측

되며, 또는 그것을 파악하기 위한 적당한 출판물이 아직 대중적으로 널리 배포되지 못한 원인이라고도 하나, 그러나 적어도 세계의 대세가 결정되고 따라서 사상의 동향도 추측되는 이때에, 무조건적으로 공산주의라면 배격하는 태도는 참으로 진리를 추구하는 학생 청년의 건실한 태도라고 할 수가 없다.

무엇보다도 유감 되는 사실은 「건국촉진청년동맹」이 조직된 그 동기가 조련과 대립하는 형태로 출발한 것으로 생각되는 바이다. 8월 15일 종전의 라디오가 그치는 여음이 사라지기도 전에 우리는 무엇을 해야 하겠으며 새로운 조선을 건설하기 위해서는 무슨 방침으로 나아가야 할 것인가 하는 생각은 누구나 모두 생각하고 있을 것이다. 그래서 일본 안에 있는 우리 조선 사람으로서는 무엇보다 우선 대동단결하여 그 내용을 건전히 함과 동시에 일본 안에 있는 조선 민중의 이익을 보호하며 귀국 문제와 실업자 대책, 불상사 방지책과 재산 처리 같은 모든 문제를 통일적으로 질서 있게 해결해야겠다는 민족적 자각으로 발생된 단체가 즉 조련이다. 일본에 있는 조선 사람의 유일무이한 민주주의적 대중조직으로 탄생한지 불과 1개월에 전국 각지에 지방본부가 도도부현에 확립되고 그 하부조직인 지부, 분회가 역시 우리 동포들이 다수 모여 있는 곳에는 반드시 설립되어 건전한 성장과 활발한 활동을 전개시키고 있는 것은 누구나 다 아는 것이며, 맥아더 사령부와 일본정부에서도 유일한 조선민중의 단체로 공인하지 않을 수 없게 된 것은 귀국을 위한 계획 수송에 관하여 증명서 발행과 승차권 배정, 특수저금 즉시 지불에 관한 증명서 발행 등의 권한을 조련에 위임하게 된 사실을 보아서도 그 일단을 명백히 표명한 것이다.

우리는 여기에서 조련이란 우리가 가진 대동단결의 조직체에 전력을 경주하여 확대 강화시켜 앞으로 닥쳐 올 모든 미해결 중이며 긴급 해결해야 할 문제를 힘차고 유리하게 진전시켜야 할 것이며, 산적한 현안을 용감하게 처리하기 위해서는 유망한 청년 제군의 열정적인 참여 없이는 수행하기 어렵다고 하는 것도 또한 자명한 사실인 만큼, 제군이 건청이라는 별개 단체를 조직하고 공동 목표에 대한 세력을 이분하게 하는 것은 신조선 건설을 위하여 열성을 바치려고 하는 제군의 의도와는 반대의 결과를 초래하게 되지 않을 것인가?

특히 주의해야 할 것은 지난 10월 15일과 16일 조련 전국대회에서 조국의 반역자인 「일심회(一心會)」, 「흥생회(興生會)」, 「상애회(相愛會)」의 간부만은 용서할 여지가 없다고 하여 제명 처분 결의를 한 것은 정당한 일이었다는 것이 누구의 눈에도 명백한 시선이라고 생각한다. 이 민족적 반역자들은 과거의 자기 죄악을 후회하고 자중함이 당연한데도 불구하고 순진무구한 청년 제군의 열성을 악용하여 조선인의 대표적 세력으로부터 분리시키려고 하는 책동사(策動士)들이 과연 제군들의 선배나 지도자일까, 깊이 자각하고 반성할 필요가 있다고 생각해 마지않는다.

(1면) 「건국촉진청년동맹 결성기념대회」

조선의 완전한 자주독립국가의 급속 실현과 또는 진정한 민주주의 국가의 실현을 위하여 조선청년의 대동단결을 촉진하고자 지난 11월 16일 시바쿠(芝區) 다무라쵸(田村町) 비행회관(飛行會館)에서 「건국촉진청년동맹」 결성 기념대회를 개최했는데, 무려 3천여 명의 청중과 학생동맹, 중국, 베트남, 필리핀, 인도네시아, 일본청년대표 등 다수 참석하여 대성황을 이루었으며, 애국가 합창 후 이해룡(李海龍)으로부터 활동방침에 대한 표명이 있었고 청년제군에게 호소한다는 김용태(金容太)의 열렬한 웅변이 끝난 후 이강훈(李康勳) 씨의 선창으로 조선독립만세를 삼창하고 오후 5시 반에 폐회했다고 기록되어 있다.

(2면)「귀국문제」

일본 후생성에서는 사태의 변천에 따라 「흥생회(興生會)」를 그대로 유지할 수 없음으로 이것을 「일선협회(日鮮協會)」로 개편하는 동시에 「흥생회」 사무소는 계속 유지하려고 하는데 이 일을 알게 된 조련에서는 후생성 차관과 관계국장들을 방문하고 그 음모를 적발시키는 동시에 금후 계획 수송에 있어 일본행정기관을 통하여 실시하기로 규정된 것을, 이것도 당연히 조련에 이관시키라고 강조했다. 결국은 조련 중앙본부 대 후생성, 지방본부 대 지방장관과의 협력 하에 양해가 성립되어 조련에서는 철도 관구 단위로 지방본부 간의 협의기관으로 지방협의회 등을 급속히 구성시켜 계획수송을 질서 있게 수행하고자 만반 준비 중이라고 하며 귀국증명서와 승차권 승선권은 직접 조련에서 교부하게 되었다고 한다.

(2면)「시모노세키(下關) 정세」

하루 빨리 귀국하려는 우리로서는 시모노세키 정세가 적지 않은 관심사다. 시모노세키 등에 운집한 동포의 수는 대략 2만 여 명에 달하며 센자키(仙崎) 1만 5천 명, 하카타(博多) 1만 5천 명이 무작정 선편을 기다리며 식사, 숙소 설비와 의료, 위생 시설도 없는 길거리에서 노숙하는 그 참상은 참으로 눈을 뜨고 볼 수 없다고 한다. 시모노세키에 몰려온 동포들의 대부분은 산골에 고독하게 산재해 있던 동포들이라 하며 복원 군인들의 뜬소문과 민족적 편견을 조장시키는 신문들의 악선전에 따라 갖은 박해와 위협에 못 이겨 약간의 가재도구를 헐값에 처분하고 도피하다시피 떠난다고 한다. 이 참상에 대하여 일본정부 당국자들은 아무런 구제책과 아무런 수송계획도 완전히 갖추지 않았다는 것은 명백한 사실이다. 물론 이 문제의 근본적인 해결책은 무엇보다 선박증원 문제인데, 현재 상태로 보아서는 연락선 두 척과 기범선, 밀항선 수 척 밖에 없다고 하며 그 수송능력은 하루 평균 3~4천명에 불과하다고 한다. 이 참상에 신음하는 동포들을 구원하고자 조련 중앙본부 출장원과 시모노세키 지부 부원, 기타 각 원호단체가 협력하여 활동 중이라고 한다.

(2면)「오미나토(大湊) 사건의 진상」

본 사건의 진상이 지극히 중대하기 때문에 일반의 관심이 크다. 즉 종전 후 징용과 모집으로 온 8천여 명의 동포들을 귀국시켜준다고 군함 3척에 싣고 아오모리(青森) 항구를 떠났다는데, 도중에 원인불명으로 파선되어 6천여 명이 바다 속에 수장 당하고 생존자 2천여 명은 일시 마이즈루(舞鶴) 해군 공창에 수용되었다고 한다. 이 정보를 접수한 조련 중앙본부에서는 즉시 일본정부에 항의함과 동시에 그 원인과 실상을 조사했는데, 근래에 들어 일본정부 당국으로부터 사망자 약 350명의 명부와 유족 위자료 45만 엔을 조련 중앙본부에 제출하고 이 사건을 선처해 달라고 애원했다고 한다. 그러나 조련에서는 명부만 접수하고 45만 엔의 위자료는 일축하는 동시에 그 원인과 피해 진상을 철저히 조사하고 강제징용과 학살을 상투로 한 일본제국주의자들의 책임을 철저히 추궁하려고 현재 대책 중이라고 한다.

(2면) 「전쟁범죄자를 적발하자: 12월 8일 전범추궁 인민대회 개최됨」

12월 8일은 강도 전쟁을 공포한 날이다. 소위 천조봉대일(天詔奉大日)이란 명칭으로 인민대중에게 전쟁협력을 강제하던 그 날을 기하여 전쟁범죄인 추궁 인민대회가 개최된다고 한다. 인민들을 굶주림과 헐벗음에 몰아넣어, 말만 들어도 진저리가 나는 전쟁, 인권을 유린하고 생산기관을 파괴하고 문화를 휩쓸어 야만의 소굴로 밀어 넣은 제국주의 침략전쟁, 이 전쟁의 책임자를 철저히 추궁하고 그 범죄자를 남김없이 적발하여 대중 앞에 폭로해야 한다. 보라, 그 얼마나 많은 생명이 희생되었으며 그 얼마나 많은 재물이 소탕되었는가. 황국신민이라는 명목 하에 조선민족이 부담한 전쟁의 희생도 적지 않을 것이다. 지원병으로도 부족하여 의무병역을 강제하고 그 외 징용 모집노무 등으로 수많은 희생을 받지 않았는가. 이 전쟁을 선포하고 전쟁을 계속한 천황의 책임을 규명하고 군부, 관료, 재벌의 책임을 위시하여 추밀원, 귀족원, 중의원 의원 모두, 전쟁을 선동하고 주도한 우익단체, 노동자 농민의 피를 빨아먹은 산업보국회와 농업회, 이것을 합리화하려고 갖은 감언이설로 민중을 기만한 언론기관, 국민의 입을 폭력으로 틀어막고 고문, 학살 등 갖은 폭행을 다한 특고 경찰, 헌병, 사법 관리와 형리, 더구나 조선민족을 일본제국에 팔아먹고 조선인 징용공 노무자들을 학대하고 사복을 채운 모리배, 일본제국의 수족이 되어 피가 같은 동포를 기만하고 박해하고 착취하기에 여념이 없던 주구배(走狗輩)들을 철저히 추궁해야 할 것이다. 굶어죽는 사람들이 속출하고 있고 이불 한 자리 집 한 채 없어 사경을 헤매는 무리들을 옆에 두고 식량과 생활필수품을 은닉하여 폭리를 착취하려는 사이비 인간들을 구체적으로 적발해야 한다. 이것을 단지 연합군에게

만 의뢰할 것이 아니라 우리의 입장에서 우리의 힘으로 철저히 처단해야 할 것이다. 이 투쟁을 통하여 일본의 민주주의 혁명에 협력하고 우리의 조국 조선의 해방을 견실하게 해야 할 것이다. 12월 8일, 전쟁에 희생된 우리들은 황천으로 돌아간 부모와 형제의 원한을 복수하며 증오 감정을 집중시키자!

(2면)「이봉창(李中奉) 씨 유골, 동지의 품에 안겨 봉송」

사쿠라다몬(櫻田門) 사건으로 사형집행을 받은 이봉창 씨의 유골은 동지들의 힘으로 봉송되었다. 지난 21일 도쿄에서 각 단체들과 동지들 다수가 참석한 가운데 엄숙한 추도식을 마친 후 동지 이강훈 씨의 품에 안겨 고국으로 향하였다고 한다. (이봉창 유해 봉환 소식은 사실을 제대로 확인하지 않고 발신한 보도이며, 1946년 2월「신조선건설동맹」(건동)이 결성되고 나서 이 조직이 이봉창 · 윤봉길 · 백정기의 유해를 모아 일본에서 추도식을 개최하고 그 해 7월 서울로 봉환했다. 물론 이들 유해를 발굴하는 데에는 조련 지방조직 청년대원의 적극적인 노력이 주효했다)[1]

(2면)「특수 예금과 채권은 조련의 증명으로 찾을 수 있다」

당연히 부담해야 할 패전의 책임을 인민대중에게 전가시키려고 급급해 하는 일본의 위정자들은 또한 당연히 내어주어야 하는 특수 예금과 채권도 주지 않고 이런 말 저런 말로 핑계만 해 왔다. 그러나 조련에서 이 불법적인 동결령에 대해 엄중한 항의와 동시에 교환 권리

---

1) 최영호, 『재일한국인과 조국광복: 해방직후의 본국귀환과 민족단체활동』, 서울: 글모인, 1995년, pp. 227-233.

를 주장해 왔다. 지난 11월 21일 드디어 조련의 증명에 의하여 지불하기로 대장성에서 승인했다고 한다. 이 외에도 우리 재산에 대하여 억울한 구속이 많고 많다. 공작기계 및 공구 등 본국 수송이 그것이며 귀국 시 소지품 제한 운운하는 것도 역시 그런 불법적인 구속의 하나라고 아니할 수 없다.

(2면)「재일 연합국 사람들에게 식량배급 증가」

(UP통신 도쿄 18일) 연합국군사령부에서는 일본 식량 할당 정책을 수정하게 하고 재일 연합국 사람들(조선인, 중국인, 대만인, 유럽인)에 한하여 충분한 식량을 공급할 것과 전시 중에 행한 독일인에 대한 특혜를 철폐하라는 명령을 지난 11월 20일부로 발령했다.

_2_

해방직후의 박열

　필자는 1992년 12월 재일한인 사회의 전후 형성과정을 테마로 하
여 도쿄대학 대학원에 박사학위 청구논문을 제출한 이래,[2] 오늘날에
이르기까지 1945년 8월의 해방시기부터 1948년 8월의 대한민국 정
부수립 시기에 이르기까지 재일한인 관련 자료를 발굴하거나 수집해
오고 있고 관련 논문을 집필해 오고 있다. 이러한 연구조사의 일환으
로 필자는 해방직후 초대 재일민단 단장을 역임한 박열에 관한 문헌
들을 조사하여 연구논문을 작성하고 2015년 6월 재외한인학회의 논
문집에 기고했다.[3] 이어 2016년 12월에는 아키타현(秋田県)을 방문
하여 박열이 출옥 직후 어떠한 행적을 보였는지 관련 시설을 검증하
고 조사했으며, 2017년 2월에는 경상남도 통영에서 정찬진 씨의 자
제분으로부터 출옥 직후 박열의 행적에 관하여 이야기를 청취했다.
그 후 연구논문을 정리하여 부산대학교 로컬리티인문학 연구사업단
의 논문집에 논문을 기고했다.[4] 때마침 2017년 6월 하순에 이준익 감

---

2) 崔永鎬, 『戦後の在日朝鮮人コミュニティにおける民族主義運動研究: 終戦直後
　南朝鮮の建国運動との連動を中心に』(東京大学大学院博士学位請求論文1992
　年12月 提出)

3) 최영호, 「해방직후 박열의 행적을 통해 본 재일한인 사회의 로컬리티」, 『재외한
　인연구』, 36호, 2015년 6월, pp. 1-40.

4) 최영호, 「해방직후 아키타에서 보인 박열의 움직임」, 『로컬리티인문학』, 17호,
　2017년 4월, pp. 167-196.

전후의 박열

독의 영화 「박열」이 개봉되어 한국에서 인간 박열에 대한 대중적 관심이 높아졌다.

박열은 1923년부터 1945년까지 오랜 기간 동안 영어(囹圄)의 몸이 된 인물로 일반 사상범보다 뒤늦게 출옥한 것으로 유명하다. 하지만 남북한과 재일한인 사회가 그의 출옥 이후 그에게 「비애의 역사」의 증인으로서보다는 영웅적인 독립투사로서 활동하기를 기대했고 그도 이러한 사회적 필요에 적응하는 자세를 보였다. 박열은 한인 모두에게 존경을 받아 마땅한 인물이지만 그 이유는 청년시절 불굴의 투지를 보인 것에 있는 것이지 해방직후 재일민단 단장이나 박열연구소나 박열장학회 대표이었기 때문이 아니다. 아무리 과거 청년시절의 투지를 인정받아 주위에서 자신을 영웅시하려는 움직임을 보인다고 할지라도 그런 사회적 분위기에 일단 영합하고 정치적 행로를 밟다보면 대중으로부터 역사적 평가를 받기 어렵다고 하는 사실을 그는 일생을 통해 잘 말해주고 있다. 이러한 관점에서 필자는 두 논문을 통해 박열이 해방직후에 보인 행동과 사상을 비판적으로 평가했다. 두 논문의 결론 부분을 간략하게 요약해 본다.

박열의 출옥직후 행적에 대한 평가

2017년 논문에서 필자는 박열이 출옥 전과 출옥 후 두 차례 사키가케(魁)신보 기자와 가진 인터뷰 기사를 주된 자료로 하여 아키타 형무소에서 출옥한 후 어떤 행보를 보였는지 언설을 어떻게 바꾸어 갔는지 그리고 그의 한인 민족인식은 어떠했는지 살펴보았다. 자료 검증을 통해서 그가 자신의 전향 전력에 대해 출옥 이후에 모호한 태도를 취해 갔다고 하는 점을 부각시켰다. 아울러 필자는 박열의 전향 전력을 분명히 하는 한편, 출옥 직후에 피징용 노무자에 대한 의식보다는 재일한인 대중에 대한 의식이 훨씬 강력했고 일본인 동지에 대한 의식도 뿌리 깊이 존재했다는 점을 밝혔다.

박열은 1945년 11월 아키타현을 떠나 도쿄로 거처를 옮겼으며, 12월 「재일본조선인연맹」(조련) 중앙본부가 마련한 그에 대한 환영 행사에 참석했다. 해방직후 재일한인 대중들이 그에게 투사로서 건국에 혁혁한 공을 세울 것으로 기대했으나 결과적으로 이러한 기대에 부응하지 못하고 재일한인 사회의 일부 보수 세력과 한반도의 현실주의적 정치가에게 이용당해 갔다. 1920년대 아나키스트 활동 때부터 공산주의에 대한 철저한 비판 의식이 투철했던 박열로서는 조련 조직에 가까이 할 수 없었다.[5] 그리고 옥중에서의 그의 전향 문제가 한인 대중들에게 널리 회자되고 있었으며 사람들을 통솔하거나 포용하지 못하는 그의 성격은 해방 후 민족단체의 지도자로서 걸맞지 않았다.

---

5) 이호룡, 『아나키스트들의 민족해방운동』(한국독립운동의역사 45), 천안시: 한국독립운동사편찬위원회 독립기념관 한국독립운동사연구소, 2008년, p. 248.

만약 우리가 출옥 후 박열을 역사적으로 평가하려고 한다면, 인간 박열의 성실한 모습, 주도면밀한 계획, 신중한 언행, 주색(酒色)을 멀리하고 독서와 사색을 즐겼던 일상생활이 높이 평가되어야 한다. 지도자로서 그를 평가하자면, 해방 이후의 재일한인 대중의 지도자로서보다는 그가 청년 시절의 투쟁 과정에서 보였던 정연한 이론, 준열한 비판, 대담한 행동에 주목해야 한다. 그리고 오랜 기간 동안 옥중 생활을 견딘 끈기와 생존 의지, 그리고 문학적으로 섬세한 감각의 유지 등을 높이 평가해야 한다. 젊은 시절 옥중 생활 초기에 이르기까지 그가 쌓은 투쟁 경력에 관한 평가를 전후 재일한인 민족단체의 활동에까지 연결시키는 일은 맞지 않다. 젊은 시기에 그가 보여준 강인한 투쟁 의지는 옥중에서 그가 보인 「전략적」 전향이나 출옥 후 한인 대중의 지도자로 잘못 나아간 것과는 달리 평가해야 한다.

박열의 해방직후 행적에 대한 평가

2015년 논문에서 필자는 박열이 사상범 석방 문제를 비롯하여 재일한인 민족단체 결성 문제, 한반도 신탁통치 문제, 본국귀환 문제 등에 직접 관여했음을 밝혔다. 그는 한편으로 한반도의 대중과는 달리 일본인과의 「민족 공존」을 선명하게 제시했으며, 다른 한편으로는 한반도의 대중과 같이 국민국가 건설에 대한 강력한 염원을 표출함으로써 재일한인 사회의 민족적 성향을 명확하게 나타냈다. 한반도 국가체와 관련된 문제들은 정치적 이념과 얽혀서 재일한인들에게 조직적으로 행동방향의 선택을 강요했고 이에 대해 박열은 자의적으로나 타의적으로 하나의 방향을 선택함과 아울러 이러한 방향으로 재일한인 사회를 지도해 갔다. 박열이 선택한 방향은 서울을 중심으로 하는 보수주의적 성향의 정치단체가 내세우는 방향과 대체로 일치하게 되었고, 이에 따라 그를 지지하는 세력과 그를 반대하는 세력이 분명히 나뉘게 되었다. 그는 재일한인 사회에서 정치적 이념 대립의 한 가운데 위치하는 인물이 되어갔으며 한반도 정치적 분열에 좌우되는 인물이 되어갔다.

해방직후의 현실적인 정세 변동에 비추어 볼 때, 박열은 해방 전 투옥 생활의 후광을 받아 해방 후에도 투사로서 건국에 혁혁한 공을 세울 것으로 기대되었으나 결과적으로 이러한 대중들의 기대에 부응하지 못하고 선택의 기로에서 망설이며 현실 정치에 이용당하는 존재가 되고 말았다. 본인의 의사와는 달리 한일 양 민족 간의 대립과 좌우 이념 대립이 심화되어 가는 상황에서 그는 자신의 입지를 세우지 못하고 한반도 정치의 주변에서 서성거리는 존재가 되었다. 결과적으로 그가 희망하고 주장했던 한일 양 민족의 화해는 한반도의 「반일」 분위기 확산과 일본사회의 한인에 대한 반감이 증폭되어 가는 가운데 현실적으로 악화 일로를 걸었다. 출옥 직후에는 그가 일본 국가에 대해 「내정간섭」 하지 말고 일본인과 「화해」할 것을 주장했지만, 그가 일본을 떠나는 시점에 이르러서는 재일한인의 민족교육 움직임이 일본정부로부터 간섭을 받아 식어갔고 재일한인의 대표적인 단체 「재일본조선인연맹」이 일본정부와 점령당국으로부터 탄압을 받기에 이르렀다.

만약 박열을 현실 정치가 내지 조직적 지도자로서 평가한다면, 그는 점령체제 하에서 일본의 사회 안정과 국가 독립을 추구하려고 했던 요시다 시게루(吉田茂) 등 일본 정치가로부터 전혀 인정을 받지 못하였을 뿐 아니라, 재일한인 사회의 유력한 단체인 조련으로부터도 소외를 당했다.[6] 게다가 그의 염원과는 달리 재일한인 사회 전체가 점령당국과 일본정부로부터 인정을 받지 못했다. 나아가 박열은 조국에 귀환해서도 남한사회에서 국가건설 과정에 직접 참가하지도 못했으며 결과적으로 반공에 의한 분단을 우선시 한 이승만 세력에 의해 이용을 당했고 말년에는 북한의 김일성 세력에게도 체제 선전을 위해 이용을 당했다. 이렇게 보면 그는 분명히 「실패한 지도자」였다.

그러나 관점을 바꾸어서 박열을 해방정국에서 고뇌하는 하나의 지식인으로 평가한다고 하면, 질곡과 억압의 과거에도 불구하고 재일한인의 입장에서 한일 양국과 양 민족의 화해를 염원했고 혼탁한 현실 정치 상황에서도 고결함을 유지하고자 했으며 후세들에 대한 민족교육에 매진하려고 했다. 해방직후 지식인의 사상을 조직의 지도자나 현실 정치가의 입장에서 이해하려고 하면 사상의 주체성을 무시하기 쉽고 통시대적인 교훈을 찾아내기도 힘들다.[7] 해방직후 박열이 내세운 주장과 이론은 비록 재일한인 다수가 처한 현실적인 정치 상황에서 빛을 발하지 못하고 해방정국에 직접적인 영향력을 끼치지 못했지만 그가 여러 기회를 통하여 누누이 제기한 휴머니즘과 평화의 문제는 오늘날에도 여전히 우리에게 유효한 가치를 제공하고 있다. 필자는 해방직후 박열을 현실정치의 지도자나 운동가였다고 평가하기는 어렵고, 오히려 민족주의적인 사상가 내지 평론가로서 지식인의 위치에 있었다고 평가하고 싶다.

---

6) 오봉빈, 『각계 인사가 본 박열』. 서울: 박열장학회출판부, 1949년, p. 137.

7) 임헌영. 「해방직후 지식인의 민족현실 인식」, 강만길 · 김광식 외저. 『해방전후사의 인식 2』, 서울: 한길사, 1985년, pp. 405-406.

_3_
1946년 민단 결성

오공태(吳公太) 단장이 이끄는 재일민단은 2016년 5월부터 「재일동포 110년과 민단 70년의 발걸음」이라는 주제 아래 한국의 여러 곳에서 순회 사진전을 개최했다.[8] 재일민단의 역사에 관하여 연구관심을 갖고 있는 필자는 5월 16일에 서울시청에서 열리는 사진전 개막식에 참여했고 집에서 가까운 이유로 7월 29일에는 울산시청 사진전, 8월 9일에는 부산시청 사진전을 둘러보았다.

아울러 2016년 8월 1일에는 도쿄를 방문하여 민단 중앙본부 회의실에서 「민단 발전을 위한 한국의 역할」이라는 주제로 발표했다. 발표의 개요는 다음과 같다. 필자는 「민단은 한국에게 어떠한 단체인가」라고 하는 질문으로부터 발표를 시작했다. 발표 내용으로 민단은 대한민국을 지지해 온 대표적인 재외한인 단체라는 점과 한일 간 우호관계의 상징이 되고 있다는 점, 재일한인 재산을 관리하는 대표적인 단체라는 점을 강조했다. 1948년 대한민국 정부가 수립된 이래 민단은 지속적으로 한국을 이념적으로 지지해 오고 있으며, 한국이 비록 비민주적이고 비생산적이었을 때에도 독립적이고 주체적인 국가에 대한 희망과 신뢰가 있었기 때문에 지지해 온 것이라고 했다. 특히 민단 창설 세대의 6·25 참전과 한국 근대화 지원의 역사는 한인 모

---

8) 民團新聞, 2016年 5月 10日.

2016년 민단 사진전

두에게 잊을 수 없는 사건이라는 점을 역설하고 재일한인 제1·2세
가 민단을 통해 IMF 위기에서 벗어날 수 있도록 지원하여 한국의 경
제적 발전에 기초가 된 것을 잊지 말아야 한다고 했다.

또한 민단은 창설 이후 계속하여 한국과 일본의 가교 역할을 담당
했고, 한국문화를 일본사회에 전달하는 메신저 역할을 담당해 오고
있고 한일 간 국교정상화를 최우선으로 하면서 기본조약과 관련 협정
의 문제점에도 불구하고 수교 이후 물심양면에서 한국의 외교공관을
지원해 오고 있다고 했다. 한편 민단은 1990년대부터 지방참정권 요
구운동 등을 통해 일본사회와의 공생을 요구하고 있고, 지문날인철
폐, 헤이트 스피치 반대 등 일본사회의 민족차별에 대해 체계적인 움
직임을 보이고 있다고 했다. 아울러 민단은 창설 이후 계속하여 재일
한인의 민족재산을 축적해 왔고 일본의 고도경제성장을 활용하여 민
족재산을 확대해 왔다고 했다. 오늘날 일본경기침체, 재일한인의 세

민단 사진전 속의 해방직후 민단 지방조직 사진

대교체와 민족성 약화로 민족재산 관리에 문제가 발생하고 있으나, 민단은 중앙본부를 비롯하여 48개 지방본부·쓰시마사무소·본국 사무소, 지부, 분단 등의 재산과 조직을 가지고 있다고 했다.

이어 필자는 「한국은 민단 발전을 위해 어떻게 해야 하는가」라는 질문에 응답하는 형태로 발표했다. 원론적으로 한국정부는 낮은 자세로 대일외교에 임할 것을 주문하고 국익 위주의 국교정상화 기조를 유지해야 하며 박정희 정부의 경제개발 위주 정책을 잊지 말아야 한다고 했다. 비록 박정희 정부는 한일 간 역사인식을 그르친 측면이 있음에도 불구하고 한국 내외로부터 경제적 근대화를 이룩한 공적을 인정받고 있다고 했다. 따라서 한국정부가 국내의 단기적 여론에 휩쓸려서는 국가의 외교를 그르치기 쉽다는 점을 강조하고 우호적 외교관계 기반 위에서 일본에 대해 역사인식 문제를 거론해야 한다고 했다. 또한 한국정부와 국민은 중간자로서 재일한인의 존재를 언제나 인식해야 하며 한일 간 다양한 민간교류의 채널을 활용하여 외교문제를 풀어가야 한다고 했다. 또한 한국 국내에 정치적 비리와 불안에 관한 소식이 지나쳐 한국에 대한 부정적인 이미지가 일본사회에 팽배하다고 지적하고 단기적 성과 중심의 조직 문화보다는 장기적 창의(創意)를 존중하는 문화가 일본사회에 널리 알려져야 한다고 역설했다.[9]

---

9) 최영호, 「민단 발전을 위한 한국의 역할」, 『미래창조포럼』(발표문), 민단중앙본부, 2016년 8월 1일.

_4_
오늘날 재일한인의 정체성 위기

2016년 6월 서울에서는 재외동포재단 주최로 한민족 네트워크 방안에 관한 세미나 「2016 재외동포 전문가 포럼: 글로벌 한민족네트워크 현주소」가 열렸다. 이 행사에서 필자는 「일본지역 한민족 공동체 생태계 진단과 전망」을 주제로 하여 발표했다. 요지는 일본 안에서 한민족 네트워크를 강화하려면 흩어진 동포조직을 통합하여 특별영주자를 주로 하는 올드커머와 신정주자를 중심으로 하는 뉴커머가 힘을 합쳐야 한다는 주장이었다. 필자는 "한글과 한국문화에 정통한 신정주자가 증가하고 있다"고 했으며 "그러나 특별영주자와 혈연이나 문화적 동질성을 가지고 있는 사람들임에도 불구하고 민단에서 활동하려는 이가 드물다"고 지적했다. 이어 "한국과 일본의 중간지대에 위치해 있는 재일동포의 네트워크를 강화하려면 양국의 정치 외교적 관계가 좋아져야 한다"고 전제하고 "일본 내에서 정치적 민주화와 경제발전의 모습, 휴머니즘 스토리 등 한국에 대한 긍정적인 소식이 많이 발신되면 더욱 효과적일 것"이라고 덧붙였다.[10]

이 자리에 토론자로 나선 재일민단 중앙본부의 하정남(河政男) 사무총장은 "네트워크의 힘을 키우려면 민단과 한인회가 하나가 되어야 한다"고 다시 강조하고 "민단 입장에서는 3세 이하가 60% 이상을

---

10) 재외동포신문, 2016년 6월 3일.

넘어서는 영주권자의 인적 구성비율에서 볼 때, 한국어 능력을 갖춘 신정주자의 민단 참가는 도움이 된다"고 했다. 하 총장은 그해 5월 27일 민단과 한인회가 회의를 가졌으며 "앞으로 20~30년 후의 회의에서는 모두가 우리말로 말할 수 있을 것"이라고 했으며 "그러려면 상호 간 조직을 통합하여야 한다는 공감대가 두 조직 간에 형성되었다"고 전했다. 1990년대 특별영주권자들이 재일한인의 80%를 웃돌던 상황에서 이제는 70% 정도로 감소했다고 통일일보는 전했다.[11]

2016 재외동포 전문가 포럼

필자는 이날 발표에서 지충남의 2015년 저서[12]를 참고하여 재일한인 네트워크의 현황을 다음과 같이 정리했다. 한인 단체 중에 민단과 총련이 대표적인 조직이며 네트워크 활동 면에서는 민단과 재일한인

---

11) 統一日報, 2016年 6月 8日
12) 지충남, 『재일한인 디아스포라』, 고양시: 마인드탭, 2015년.

회가 비교적 활발하다. 이들 민족단체 네트워크의 연결 상태로는 한국과 일본의 정부기관, 정당, 지방정부와 연결되어 있으며, 세계적인 한인단체, 일본인 단체, 외국인 단체와도 연결되어 있다. 민족단체 네트워크의 성격으로서는 중앙조직과 지방조직 사이의 회원을 매개로 하는 「지역적 네트워크」, 일본인 단체와의 「국제적 네트워크」, 한국 정부기구나 한국 사회단체와의 「모국과의 네트워크」, 총련 조직이나 한상조직 아울러 세계한인회장대회 등과의 「한민족 네트워크」가 비교적 강하다고 평가했다. 그 중에서 49개 지역본부와 7개 산하단체를 연결하는 민단의 「지역적 네트워크」 활동이 가장 왕성한 반면에 민단의 「국제적 네트워크」는 상대적으로 미약하다고 평가했다. 또한 민단과 모국 정치단체와의 네트워크는 비교적 강하며, 민단과 총련 간의 조직적 공식 네트워크는 두절된 상태라고 했다.

이와 함께 「재일한인회」는 경제적 성향이 강하며 네트워크 성격에서도 경제적인 측면이 활발하다고 볼 수 있고, 민단에 비해 산하단체가 없으며 지역적 독립성이 지나치게 강렬하다고 했다. 아울러 민단과 비교하여 볼 때 「재일한인회」는 일본 정치권과의 「국제적 네트워크」에서 매우 미약하며, 「한민족 네트워크」에서도 민단에 비해 대단히 세력이 약하다는 점을 지적했다. 민단과 「재일한인회」 모두 재일한인의 생활 향상을 위해 노력하고 있고 민족교육과 재산수호에 적극적인 반면, 두 조직 모두 반(反) 총련의 이념적 성향이 강한 점을 공통적인 특징으로 꼽을 수 있다. 여기에다가 한국정부와의 지속적인 연대를 강화해 가고 있는데 비교적 민단이 한국의 중앙정부나 정당과보다 강렬한 네트워크를 구축하고 있는데 반해 「재일한인회」는 한국의 지방정부와 교류를 활발히 추진하고 있다고 했다.

민단 홈페이지

또한 필자는 재일한인의 네트워크 활동은 비교적 활발한 편이지만 전반적으로 구성원의 민족적 정체성이 약화되고 있다는 약점을 지적했다. 민족성 약화의 위기는 재일한인 사회에서 정주 한인의 인구가 급격하게 감소하고 있고, 후속 세대 한인 청소년의 정체성이 표류하고 있다는 점을 근본적인 원인으로 파악했다. 다만 이러한 상황에서도 민족성이 강한 뉴커머가 소수 증가하고 있다는 점을 들어 재일한인 사회의 장래 변화를 전망했다. 다만 현 상황은 뉴커머가 일본사회 적응 면에서나 한국에 대한 기여도 면에서 아주 낮아 1세 정주 한인과는 현격한 차이를 보이고 있다고 부연 설명했다. 차세대 재일한인의 민족성 회복을 위한 방안으로는 무엇보다 한국정부가 한일관계를 발전시키고 한류, 한국문화, 한글교육 등을 확대함으로써 그들에게 민족적인 자긍심을 갖도록 해야 한다고 했다.

재일한인회 카페

　끝으로 재일한인의 민족네트워크를 활성화 하는 방안으로 우선 원
론적인 방안으로는 무엇보다 한일양국의 외교관계가 원만해야 하며
스마트한 한국사회의 소식이 일본에 확산되어야 한다고 했다. 한국
이 정치적 민주화, 경제적 발전, 개방적 사회와 관련한 소식들을 일본
사회에 널리 알려야 하며 인간중심의 문화 소식을 자연스럽게 확산시
켜야 한다고 했다. 그리고 일본 국적을 취득한 재일한인에 대해 차별
의식을 버려야 한다고 했다. 이어 민단 스스로의 노력으로, 한인 어
린이의 모국 체험 기회를 확대하고 한인 자제에 대한 한글교육을 활
성화할 것, 그리고 민단 조직의 개편과 민단 간부의 우리말 쓰기를 확
대할 것, 각종 한글 대회나 지방 조직의 부단한 활동 등을 주문했다.
　아울러「재일한인회」의 노력으로, 내적 분열을 최소화하고 민단과
최대한 협력할 것, 민단의 청년조직으로서 독립적인 활동을 모색할
수 있다는 점, 장부상의 회원보다 실질적인 회원을 확보하는 노력과

5개 지역 단체의 긴밀한 연대 필요성 등을 주문했다. 한국정부의 지원 노력으로서는 재일한인의 한마당 행사, 예를 들어 효도잔치 · 한마당 축제 · 한류문화 행사 등에 측면 지원을 확대할 것, 재일한인 단체에 대한 지원에서 조직에 대한 지원보다 사업에 대한 지원을 우선시 할 것, 차세대 한인 교육을 위한 한글학교 지원을 확대할 것 등을 주문했다. 이때 2015년 부산광역시에서 재일한인 5세 어린이를 초청하여 한국 어린이와의 교류를 추진한 것을 모범 사례로 제시하고 어린이 교류 사업에 대한 적극적인 지원을 요청했다.

_5_

일본정부의 한국적과 조선적 한인 구분

　일본 법무성은 1970년 이후 매년 한국적과 조선적을 하나로 묶어 발표해 오던 것을 2016년부터 한국적과 조선적으로 나누어 발표하고 있다. 그 동안 조선적은 조선민주주의인민공화국 국적을 의미하지 않는다는 이유로 둘을 구분하지 않았는데, 일본정부의 대북제재 일환으로 둘을 구분하기 시작했다. 조선적은 일본 법률상 무국적으로 분류되고 있어 외국을 드나들 때 한국정부의 여행증명서나 일본법무성의 재입국허가서를 여권 대신 발급받아야 하는 등 여러 가지 불편이 따른다. 그러나 총련 관계자 이 외에 상상의 조국을 통일된 조선으로 상정하고 조선적을 유지하고 있는 재일한인도 있기 때문에 이들에게 한국적과 조선적을 구분하는 행정적인 작업은 가혹한 일이 아닐 수 없다.

　2016년부터 2년 동안 재외한인학회 회장을 역임하고 있는 필자는 "남북통일을 향한 일념으로 불편을 감수하며 국적 변경을 거부해 온 사람도 있다"고 보고 이번 법무성 발표로 조선적 보유자를 모두 총련계 혹은 친북 동포로 인식하면서 차별적 시선으로 바라봐서는 안 된다고 생각한다. 한편 조선적 보유자가 줄어들고 있지만 당장 총련의 해체 등으로 이어지지는 않을 것이라는 분석도 있다. 이구홍 해외교포문제연구소장은 "해외여행을 자유롭게 하거나 차별을 피하려고 일본으로 귀화하거나 편의상 한국국적을 취득한 총련계 인사도 있기 때

문에 이들을 포함하면 7만~8만 명에 이를 것"이라고 하며 북한도 총
련계 인사의 이탈을 막으려고 2015년에 5년 만에 재일조선학교 후원
금으로 약 25억 원을 지원했다고 했다.[13]

　아무튼 근래에 들어 일본에 거주하는 재일한인 수가 한국국적 보
유자나 '조선적(朝鮮籍)' 보유자 모두 급격하게 감소하고 있다. 일본
법무성이 발표하고 있는 2016년 말 현재 「일본 재류 외국인」 통계에
의하면, 한국국적 보유자 수는 453,096명이었고 조선적 보유자 수는
32,461명으로 나타났다.[14] 한국국적 보유자는 2015년 말 457,772명
에 비해 4,676명이 감소했으며 조선적 보유자는 2015년 33,939명에
비해 1,478명이 줄어든 것이다. 물론 일본국적이 아닌 사람만을 통
계에 넣다보니 일본국적을 보유한 재일한인은 대상에서 제외하고 있
다. 부모 가운데 한쪽만이 한인 혈통이나 한국국적을 가지고 있고 다
른 한쪽이 일본인 혈통이나 일본국적으로 가지고 있을 경우에는 태어
나면서부터 일본 국적자가 될 가능성이 높다. 따라서 일본국적을 보
유한 재일한인의 수는 정확하게 알 수가 없다. 근래에도 한 해에 5천
명 안팎의 한국적 혹은 조선적 한인이 일본국적을 취하고 있는 실정
을 감안하면 전체 한인 수는 당분간 계속 줄어들 전망이다.[15]

　2016년 12월 말 통계로 일본정부가 공표한 일본 국내 인구는
총 124,955,377명이며 이 가운데 법무성은 재류외국인 총수로
2,382,822명이라고 발표했다.[16] 이렇게 볼 때, 일본사회의 외국인 비

---

13) 연합뉴스, 2016년 3월 25일.

14) http://www.moj.go.jp/housei/toukei/toukei_ichiran_touroku.html

15) YTN, 2017년 6월 17일.

16) http://www.e-stat.go.jp/SG1/estat/List.do?lid=000001184183

율이 1.9%에 지나지 않기 때문에 일본을 국제적으로 이민족 혹은 외국인에게 개방된 사회라고 말하기는 어렵다. 다시 법무성 통계로 돌아가 일본 재류 외국인 통계를 보면 한국국적자와 조선적자를 합친 재일한인 수 485,557명은 재일중국인 695,522명에게 제1위를 넘겨준 지도 이미 오래 되었으며 20만 명 정도의 격차를 보일 정도로 중국인의 일본 진출이 보다 활발해졌다. 다만 중국국적자 가운데 정확히 알 수는 없지만 약 7만 명의 조선족 한인이 포함되어 있고 그들을 재일한인으로 간주한다면 실질적인 수에서 재일중국인과 재일한인의 격차가 약간 줄어들 것으로 보인다. 하지만 국적을 기준으로 하는 공식적인 자료에서 재일한인과 재일중국인과의 격차는 당분간 더욱 더 커질 것으로 충분히 예상된다.

일본 재류 외국인 가운데 심각하게 줄어들고 있는 조선적 보유자의 수에서 볼 때, 이들이 대부분 「재일본조선인총연합회」(총련) 관계자로 이루어져 있기 때문에 북일관계의 악화에 따라 재일한인 사회에서 총련의 영향력이 확연히 쇠퇴하고 있다는 것을 여실히 보여주는 통계라고 할 수 있다. 아무리 그렇다고 하더라도 조선적 재일한인의 감소는 심각한 수준에 이르고 있다. 이제는 일본재류 외국인 가운데 조선적자 수는 필리핀 243,662명, 베트남 199,990명, 브라질 180,923명, 네팔 67,470명, 미국 53,705명, 대만 52,768명, 페루 47,740명, 태국 47,647명, 인도네시아 42,850명에도 미치지 못하고 있기 때문이다.

〈아시아 출신의 재일외국인 (2016년 12월 말)〉

국적 및 지역	총수	재일외국인에 대한 비율(%)
재일외국인 합계	2,382,822	100.00
아시아 계 합계	1,970,253	82.69
대만	52,768	2.21
동티몰	26	0.00
미얀마	17,775	0.74
바레인	27	0.00
방글라데시	12,374	0.52
부탄	109	0.00
브루나이	54	0.00
스리랑카	17,346	0.73
아랍에미리트연방	87	0.00
아프가니스탄	2,888	0.12
요르단	155	0.01
이라크	107	0.00
이란	3,999	0.17
이스라엘	537	0.02
인도	28,667	1.20
인도네시아	42,850	1.80
조선	32,461	1.36
중국	695,522	29.19
캄보디아	8,367	0.35
쿠웨이트	26	0.00
키프로스	36	0.00
한국	453,096	19.02

_6_

재일한인을 조금만 생각해 주세요

2017년 2월 6일 광주의 전남대학교 사회과학대학 교수실에서 「초국가 시대 디아스포라 담론과 실제」라는 주제로 국제학술대회가 열렸다. 이 자리에는 오사카 「코리아 NGO 센터」의 이사직 대표를 맡고 있는 김광민(金光敏) 씨도 발표자로 참석했다. 그는 재일한인 3세로 1971년 오사카에서 태어나 1990년 한국에 잠시 들어왔다가 1995년에 다시 오사카에 돌아갔다. 2003년 오사카시립대학 대학원의 창조도시연구과 석사과정에서 학습하는 가운데 마이너리티 교육에 대한 열정을 갖게 되었다. 2004년부터 「코리아 NGO 센터」의 사무국장에 취임하면서 재일한인의 민족교육과 권익향상을 위해 활발한 사회활동을 해 오고 있다.

2004년 3월에 출범한 「코리아 NGO 센터」는 「인권」, 「평화」, 「공생」, 「자립하는 시민」이라고 하는 이념 아래 재일한인을 중심으로 설립 운영되고 있는 특정비영리활동법인이다. 주로 활동하고 있는 분야는 민족교육, 재일외국인의 인권보호, 공생사회 실현을 향한 교육개발, 한일 민간교류이며, 한반도의 평화통일과 동아시아 공동체 형성이라는 폭넓은 과제도 수행하고 있다. 2017년 7월 현재 임범부(林範夫) 변호사와 곽진웅(郭辰雄) 상근직원이 공동으로 대표이사직을 담당하고 있으며, 법인이사로서 김광민 사무국장과 강유미(康由美) 변호사, 강효유(姜孝裕) 민족학급 강사, 고정자(高正子) 대학교원, 부세진(夫世進) 변리사, 송 오(宋悟) 사회활동가, 한검치(韓檢治) 변호사, 배광웅(裵光雄) 대학교수, 오행철(吳幸哲) 세리사 등이 각각 이사직을 담당하고 있다.[17]

김광민 이사는 전남대학교에서 「새로운 협동을 위한 재일코리안운동」이란 주제로 「코리아 NGO 센터」의 활동을 소개하기로 되어 있어 주최 기관에 발표문을 보내고 발표 자료집에 싣기도 했다. 그러나 정작 발표 시간이 되자, 그는 발표문 내용보다는 자신이 겪고 있는 최근 한일 간 외교관계에 관하여 꼭 이야기하고 싶다고 하며 제발 자신과 같이 어렵사리 민족적 아이덴티티를 이어가고 있는 재일한인의 존재를 의식하면서 양국이 외교 관계를 진행했으면 좋겠다는 내용의 발표를 이어나갔다. 그는 "양국의 외교관계가 경색되면 가장 피해를 입는 것이 재일동포입니다"라고 하며 양국이 역사인식 문제나 영토문제로 서로 견해를 달리 하는 것은 자연스럽지만, 그렇다고 해서 외교적인 대립을 심화해서는 안 된다. 수많은 중간자들이 존재한다는 것을 의식하면 이런 외교적 대립이야말로 국익에 손해만을 가져온다는 것은 쉽게 이해할 수 있을 것이라고 역설하면서 오늘날 전개되고 있는 외교적 경색 국면을 비판했다.

이러한 한일관계의 경색에 따른 재일한인의 고충은 같은 시기 재일민단 단장이 서울을 방문하여 윤병세 외교부 장관을 접견하는 자리에서 부산의 소녀상을 이전해 달라고 공식 요청한 것으로부터도 충분히 느낄 수 있다. 2017년 2월 6일 오후 외교부를 방문한 오공태 단장은 1시간 가량 외교장관과 대담하면서 "2016년 말 부산 일본 총영사관

---

17) クリアNGOセンター 홈페이지, http://korea-ngo.org/

코리아 NGO센터의 홈페이지

앞에 소녀상이 설치된 이후 일본 내 한국에 대한 여론이 급속히 악화
되면서 재일동포사회가 많은 어려움을 겪고 있다. 위안부 합의의 충
실한 이행과 함께 부산 소녀상이 이전될 수 있도록 노력해 달라"며 요
망서를 전달했다. 이에 대해 외교부 장관은 "의견을 무겁게 받아들인
다"고 했으며 "한국정부는 한일 양국 관계의 안정적 발전을 위해 앞으
로도 부단히 노력해 나가겠다"고 원론적인 답변을 내놓았다. 민단 단
장은 1월 17일에도 이준규 주일 한국대사를 접견하고 한일 간 「일본
군위안부」 문제에 관한 외교적 합의를 성실하게 이행해 달라고 하는
문서를 전달한 바 있다.[18]

　한국의 시민단체는 「일본군위안부」 문제에 관한 한일 간 외교적 합
의에 반발하고 2016년 12월 말 부산 초량의 일본 총영사관 앞에 소

---

18) 한겨레신문, 2017년 2월 6일.

녀상을 세웠다. 이에 반발하여 일본정부는 한국에 대한 외교적 항의로 1월 초 모리모토 야스히로(森本康敬) 주부산 일본 총영사와 나가미네 야스마사(長嶺安政) 주한 일본대사를 귀국 조치했다.[19] 5,000여 명의 한국 시민들로부터 모은 성금 8,500만 원으로 소녀상이 만들어져 세워졌으나 중앙정부나 지방정부 모두가 이전이나 철거에 대해서 아무런 조치를 행하고 있지 않다. 그렇다고 해서 이 소녀상은 공공조형물이 아니라는 이유로 지방정부에서 관리 책임을 지지 않고 있다. 부산 소녀상은 한일 간 외교적인 수습을 어렵게 하고 있는 하나의 불법점유물일 뿐이다.

---

19) 조선일보, 2017년 4월 4일.

_7_
재일한인 선배의 죽음: 김광렬 선생과 오덕수 감독

연구자 김광렬

2015년 9월 26일 아침에 평소에 존경하는 김광렬(金光烈) 선생님께서 88세를 일기로 영면하셨다. 이메일로 날아온 부고를 받고 한 동안 멍하게 앉아 있다가「한일민족문제학회」임원들에게 넋두리 삼아 고인과의 추억을 간략하게 적어 보냈다. 고인은 이 학회의 회원이기도 하며 생전에 몇 차례 한국에 와서 이 학회를 방문한 일이 있기 때문이다. 고인은 1927년 경상북도에서 태어나셨으며 1943년 일본으로 건너갔고 1955년에 리쓰메이칸(立命館) 대학을 졸업했다. 돌이켜보건데, 고인과 필자는 아마 1998년경, 동료 박진우 · 류교열 교수와 함께 부산에서 그를 처음 만나 태종대와 영도 식당을 돌아보면서 인연을 시작했던 것으로 생각된다. 필자는 2004년 그의 작품 가운데 역작으로 꼽히는『발로 본 치쿠호』[20]가 출간된 후, 후쿠마(福間)에서 열린 출판기념회를 방문하여 그에게 축하인사를 드린 일이 있다.

그는 70세가 넘은 시점에서 뒤늦게 에너지를 쏟아가며 치쿠호지역 탄광의 한인 강제연행에 관한 자료들을 수집하고 단행본을 집필하셨다. 2007년에『바람아 전해다오』[21]를 출간했고, 2013년에는『내선융

---

20) 金光烈,『足で見た筑豊: 朝鮮人炭鉱労働の記録』, 東京: 明石書店, 2004年.

21) 金光烈,『風よ, 伝えよ: 筑豊朝鮮人鉱夫の記録』, 東京: 三一書店, 2007年.

『발로 본 치쿠호』

화 미담의 진실』[22]을 펴냈다. 2013년 작품은 그가 택배로 필자에게 친히 우송해 주셨다. 2014년 봄에는 불편하신 몸을 이끌고 몸소 자동차를 몰아 후쿠마 · 무나카타(宗像) 해변을 돌며 고향 생각으로 눈물을 흘리시기도 했다. 필자는 후쿠마의 자택에 안내되어 후덕하신 사모님과 함께 사진을 찍었다. 그는 생전에 경주시와 후쿠마시 사이의 민간교류를 위해서도 열성적으로 활동하셨다. 2015년과 2016년 필자는 후쿠오카에 갈 때마다 뵙고 싶다는 연락을 드렸는데, 그때마다 몸이 편치 않다고 하면서 만나기를 거절하셨다. 건강이 매우 악화되어 그러셨던 모양이다. 재일동포 1세 한 분이 이렇게 세상을 떠나신 것이다.

---

22) 金光烈, 『「内鮮融和」美談の真実: 戦時期筑豊 · 貝島炭鑛朝鮮人強制労働の実態』, 東京: 緑蔭書房, 2013年.

영화감독 오덕수

2015년 12월 13일 재일한인 2세 영화감독 오덕수(吳德洙) 씨가 향년 74세로 세상을 떠났다. 일본의 신문들은 그의 사망 원인이 폐암이었다고 했다. 상주는 부인 시미즈 치에코(淸水千惠子) 여사이며 12월 16일 재일동포 영화감독 최양일(崔洋一) 씨가 장례위원장을 맡은 가운데 도쿄 쵸후(調布)시에서 장례식이 열렸다. 그는 1941년 아키타현(秋田県)에서 태어나 1965년에 와세다대학 문학부를 졸업했다. 1966년 오시마 나기사(大島渚) 감독의 「백주의 살인마」(白晝の通り魔)를 제작하는 과정에서 조감독을 담당하면서 일본 영화계에 발을 들여놓았다. 그 후에도 여러 차례 오시마 감독의 조감독 역할을 맡았다. 1968년 도에이(東映) 제작사에 들어간 후 「키 헌터」(1968~1973), 「플레이 걸」(1964~1974) 등 TV 작품에도 손을 댔다. 1979년에는 노조운동을 계기로 하여 도에이 제작사를 퇴사하고 이때 받은 퇴직금 일부를 투자하여 재일한인 동지들과 함께 잡지 『잔소리(ちゃんそり)』를 발간하여 호평을 받았다.

이와 함께 그는 영화 제작 프로덕션 회사 「OH기획」을 설립하여 죽는 날까지 몸소 운영해 왔다. 1984년에는 다큐멘터리 영화 『지문날인거부』를, 1987년에는 『지문날인거부2』를 각각 발표하여 재일한인에 대한 민족차별을 상징하는 지문날인제도에 반대하는 운동을 세상에 널리 알렸다.[23] 당시 외국인등록법에 따라 일본에 거주하는 16살 이상의 외국인은 등록 때 반드시 지문날인을 해야 했다. 재일한인을

---

23) 吳德洙監督, 『指紋押捺拒否』(1984年, 50分); 吳德洙監督, 『指紋押捺拒否2』(1987年, 55分).

자료관의 오덕수 감독 기증 사진

범죄예비집단으로 취급하고 굴욕감을 느끼게 하는 제도로 1980년 재일한인과 일본 시민단체가 연대하여 이를 거부하는 운동을 널리 확산시켰다. 오 감독은 이 운동을 영상기록으로 남긴 것이다.

그 후 고인은 재일동포의 삶을 다각적으로 조명하는 방대한 작업에 착수했으며 해방 70주년과 한일 국교정상화 50주년을 기념하는 전시회를 주도했다. 이어 1997년에 영화「재일(在日)」을 제작하여 재일한인의 현대사와 생활사, 일본의 현대사를 그려낸 것으로 각계로부터 호평을 받았으며 일본영화 팬클럽상, Cinema 순보(旬報) 상 등을 수상했다. 그는 2003년부터 2005년까지 민단 중앙본부 건물 옆에「재일한인역사자료관」을 세우는 작업을 주도하기도 했고 설립 후에는 그 운영위원으로 활동했다.

오 감독은 생전에 서울, 부산, 도쿄, 오사카, 야마구치 등을 필자와 함께 여행하며, 재일동포의 귀환과 조직 활동, 생활사 등에 관하여 많은 대화를 나눴다. 그는 2006년 초에 거행된 재일동포 변호사 김경득(金敬得)의 장례식에서 몸소 제작한 영상자료를 통해 고인의 죽음을 애도하기도 했다. 그는 생전에 굵고 허스키한 목소리로 주위 사람들

오덕수 감독의 영화, 「재일」

로부터 인기가 높았다. 그는 참으로 굵고 부드럽게 살다간 재일동포
의 거인 가운데 한 사람이었다고 생각한다. 일본에서 민주당 정권을
뒤엎고 아베 신조를 수반으로 하는 자민당 정권이 들어설 때 그가 분
개하며 이를 강렬하게 비판하던 모습이 선하다.

참고문헌

권준희, 『재일조선인 3세의 '민족' 정체성에 관한 연구: 조선학교 출신 '조선적'을 중심으로』, 연세대학교 석사학위논문, 2002년.

김인덕, 『(극일에서 분단을 넘은 박애주의자) 박열』, 역사공간, 2013년.

류기헌, 『일본 탄광도시: 규슈 후쿠오카현 지쿠호 지방 편 사진과 지도로 보는 일본 지쿠호 지방 답사기』, 라이프, 2013년.

법무부법무실, 『재일한국인의 지문날인제도』, 법무부법무실, 1985년.

오오노 세츠코, 『(지쿠호오여!) 지쿠호오 이야기: 규슈 지쿠호오 탄광을 중심으로 한 격동의 민중사』, 커뮤니티, 2007년.

손미경, 『'문화플랫폼'으로서 도쿄 · 오사카 코리아타운 연구』, 한국외국어대학교 박사학위청구논문, 2013년.

안재성, 『박열, 불온한 조선인 혁명가: 일왕 부자 폭살을 꿈꾼 한 남자의 치열하고 뜨거운 삶과 사랑』, 인문서원, 2017년.

임영상 외, 『코리아타운과 한국문화』, 북코리아, 2012년.

정인섭, 『재일교포의 법적지위』, 서울대학교출판부, 1996년.

최영호, 『재일한국인과 조국광복』, 글모인, 1995년.

한씨 지문 날인 거부를 지지하는 모임, 『지문 날인 거부자가 재판하는 日本』, 三人行, 1990년.

金光敏, 「境界に生きる、共生を発信する新たな試み、コリアNGOセンターの発足」, 『市政研究』(大阪市政調査会), 144号, 2004年.

李洪章, 『在日朝鮮人という民族経験: 個人に立脚した共同性の再考へ』, 生活書院, 2016年.

鄭甲寿·川瀬俊治, 「インタビュー 在日コリアンの市民運動の新たな拠点をめざす―コリアNGOセンターの新展開について」, 『部落解放』, 639号, 2011年 1月.

鄭泰成, 『人間朴烈について』, 新朝鮮建設同盟宣傳部, 1946年.

大阪府在日外国人教育研究協議会事務局, 『ちがいを豊かさに: 府外教20年のあゆみ, 大阪府在日外国人教育研究協議会20周年誌』, 大阪府在

日外国人教育研究協議会, 2014年.

在日外国人教育生活相談センター信愛塾, 『日本で暮らす外国人: 現場から
　　の発信: ボランタリー活動補助金助成事業報告書』(信愛塾文庫; 第3
　　集), 在日外国人教育生活相談センター・信愛塾, 2013年 .

在日大韓基督教会指紋拒否実行委員会, 『日本人へのラブコール: 指紋押捺
　　拒否者の証言』, 明石書店, 1986年.

中村一成, 「思想としての朝鮮籍(第7回)朴正恵(上)日本国籍から朝鮮籍へ」,
　　『世界』(岩波書店), 879号, 2016年 3月.

荻野喜弘, 『筑豊炭鉱労資関係史』, 九州大学出版会, 1993年.

布施辰治, 『運命の勝利者朴烈』, 黒色戦線社, 1987年.

民族差別と闘う関東交流集会実行委員会, 『指紋押捺拒否者への「脅迫状」を
　　読む』, 明石書店, 1985年.

吉田宏子, 『筑豊炭鉱と朝鮮人強制連行について: 聖戦の爪痕』, 同人かわら
　　版, 1995年.

VI. 대일외교의 과제

_1_
한일관계에 관한 단기적 전망

　2015년 6월 하순에 열린 '한일 국교정상화 50주년 기념행사'는 양국 정상이 상대국 대사관에 참석하는 형태로 간소하게 치러졌으며 그해 10월에 열린 한일 정상회담은 그간 얼어붙은 양국 외교관계를 개선하고자 하는 시그널이 되었다. 그러나 뿌리 깊이 전개된 양국 국민의 상호 불신과 양국의 경제적 상호관계에 관한 중요도 저하는 단숨에 외교관계의 회복을 전망하기 어렵게 했다. 그 해 8월 15일 전쟁종결 70주년을 맞이하여 아베 수상이 과거 1995년의 무라야마 성명을 계승하겠다는 의지를 표명하고 한일 역사교과서공동위원회 재개에 대해 전향적인 언급을 할지 모른다는 긍정적인 전망이 우세했다. 하지만 결과적으로 아베 수상은 무라야마 성명을 뛰어넘는 한국과 대만에 대한 식민지 지배의 불법성을 언급하거나 일제강점기 강제동원 피해자에 대한 사죄와 보상을 언급하지 않았다. 야스쿠니 참배문제에 대해서도 반성의 뜻을 언급하지 않았다.

　이와 함께 앞으로 아베 수상이 주변국과의 관계 회복을 위하여 역사인식문제에 대해 신중한 행보를 할 것으로 기대하기는 어렵다. 그가 역사인식 문제에 관한 행태에 있어서 강경한 보수 우파의 입장을 견지하고 있는 가운데 다만 전술적으로 가변성을 보이고 있기 때문이다. 「전후 출생」 총리로서 과거사 책임을 무겁게 받아들이고 있지 않은 아베 수상에게 있어서는 일본 국내의 정치적 상황에 따라서 언제라도 그의 전술적 모호성(tactical ambiguity)이 중단될 수 있다. 여기에다가 한국이 남북관계 회복을 위한 행보에 나설 경우, 대북정책에 관한 한 어느 정부보다도 강경 노선을 취해 온 아베 정부로서는 한국과의 외교적 관계를 악화시키는 악재로 작용할 소지가 크다.

한일관계가 이처럼 간헐적으로 불협화음을 발생시키고 있는 근본적인 원인은 일본정부에게 전향적인 역사인식이 결여되어 있다는데 있다. 전후 독일정부가 일관되게 단호한 자세로 전쟁책임을 추궁하고 전쟁피해자에 대한 사죄와 배상을 게을리 하지 않았던 것에 비하여 일본정부는 패전 이후 오늘날에 이르기까지 전쟁피해자에 대해 적극적인 사죄와 보상을 소홀히 하고 있기 때문이다. 일본정부가 전후처리 문제에 대해 적극적으로 보상하려는 자세를 보이는 것은 일차적으로는 전쟁피해 당사자의 권리를 회복한다는 의미를 갖게 되는 것이며 이차적으로는 주변국과의 관계에 있어서는 일본이 지난 과오를 되풀이하지 않겠다는 의지의 표명이라는 의미를 갖게 된다. 즉 주변국과의 신뢰관계 구축을 위해서는 일본은 국가적인 차원에서 과거 역사책임에 적극적으로 임해야 한다. 만약 일본정부가 일본국민의 양극화되고 있는 과거 역사인식 문제를 적절히 조율하지 못하거나 역사반성에 대한 적극적인 자세를 표명하지 않는다면 주변국들로부터 끊임없이 불신과 반발을 받을 것이며 동북아시아 지역의 평화와 번영을 위한 외교적 노력도 실효를 거두기 힘들 것이다.

그러면 한국의 외교당국이 역사인식문제와 관련하여 대일외교에서 취해야 하는 바람직한 대응은 무엇일까. 한일 국교정상화 50주년을 기념하여 한일 양국의 지식인들과 외교 전문가 24명이 당면한 외

日韓国交正常化50周年祝賀行事
한일국교정상화50주년 축하행사

주한일본대사관 한일수교 50주년 행사

교관계 개선을 위한 제언을 모아 『한일관계, 이렇게 풀어라』(김영사)
라고 하는 단행본을 출간했다. 공통적으로 한일 양국의 외교적 노력
을 제시하고 있는데, 그 가운데 일본과 한국의 견해로 다음 두 사람의
의견이 주목할 만하다. 먼저 교토산업대학 도고 가즈히코(東鄕和彦)
교수는 「일본군위안부」 할머니에 대한 일본정부의 사과와 보상, 징
용 피해자에 대한 한국정부의 조치, 독도문제의 관리를 해법으로 제
시했다. 그리고 서울시립대학교 정재정 교수는 도고 교수의 의견에
더해서 과거사 처리의 보완 과제로 사할린 잔류 한인 문제와 재한 피
폭자 문제를 거론하고, 과거사의 포괄적 해결 방안으로 「한일우호신
뢰재단」을 설립해야 한다고 했다. 두 사람의 의견 가운데 공통된 것
은 일본이 「일본군위안부」 문제 해결에 앞장서고 한국정부는 징용 피
해자 지원에 나서라는 것이고 그 나머지는 한일양국이 협력하여 풀
어가야 한다는 것으로 해석된다.

　여기에 필자의 생각을 더하고자 한다. 일본의 경제적 중요성이 상
대적으로 약화되어 가고 있지만 여전히 일본은 한국의 경제는 물론

주일한국대사관 한일수교 50주년 행사

국방과 통일 문제에 있어서 중요한 국가임에 틀림없다. 그러나 일본 정부의 과거사 인식은 근본적으로 달라지기가 어렵고 오히려 최근 들어 더욱 더 보수화 되어 가고 있는 것이 분명한 현실이다. 이러한 상황에서 한국은 역사인식문제에 대해 어떻게 외교적 대응을 해 가야 할까. 이 문제에 대해서 필자는 오래전부터 오늘날에 이르기까지 다음과 같은 원칙론적인 주장을 계속 해오고 있다.

첫째는, 역사인식을 둘러싼 문제가 발생했을 때 외교당국은 즉각적인 대응을 하되 절제된 언어를 사용해야 한다. 일본과의 복합적인 상호의존이 심화되어 있는 상황에서 지나치게 감정적이고 강경한 대응은 일본정부에게 자칫 경박한 모습을 보이는 결과를 가져오기 쉽다. 국내 언론과 시민단체의 감정적 대응에 편승하지 말고 이를 적절히 이용하는 것이 중요하다. 한국 대중들의 격앙된 반일 분위기에 휩쓸려 감정적인 대응을 내보이게 되면 단기적으로 대중들에게 심리적인 카타르시스는 제공할 수 있을지 모르나 장기적으로는 한국 국민들에게 무책임하고 무기력한 대책으로 비판받기 쉽다.

둘째는, 일본 정부에 대해 그들이 정부의 방침으로 삼고 있는 것으로 무라야마 수상 담화에서 밝힌 식민지 지배에 관한 '통절한 반성' 자세를 지켜줄 것을 요구함과 함께 이를 뒤엎는 정치적 행태에 대한 외교적 해답을 항상 준비하고 있어야 한다. 독도 영유권 문제나 역사교과서 문제 또는 야스쿠니신사 참배 문제 등은 비이성적인 일부 인사에 의한 우연한 사건이 아니며 새로운 시대를 준비하려는 일본의 변형된 국가주의에서 비롯되는 의도적이며 역사적인 행위이기 때문이다.

셋째는, 일본의 우경화에 대해 우려하는 국가들과의 국제적 공조를 모색하는 것이 중요하다. 특히 미국이나 중국과의 의견 조율을 통하여 사안에 따라 일본에 대해 공동 대응하는 것은 일본의 자세를 변화시키는 데 매우 유효할 것이다. 아울러 일본이 국제사회에서 발언력을 높이기 위해서, 또는 동아시아의 공동 번영과 안정에 이바지하기 위해서는 식민지 지배와 침략전쟁에 대한 철저한 반성이 있어야 한다고 하는 견해가 국제사회에서 보편화되도록 국제사회에 대해 끊임없이 호소하는 일이 중요하다.

넷째는, 국내외 다양한 채널을 널리 활용해야 한다. 한국정부로서는 기본적으로 호의적인 한일관계의 기조를 깨뜨리지 않으면서 일본에 대해 단호한 역사인식 자세를 관철시켜야 하는 외교적 과제를 안고 있다. 따라서 외교 당국이 전면에 나서는 대응만으로는 일본의 역사인식을 바로잡을 수 없으며 근본적으로는 다양한 행위자에 의한 다각적인 활동을 필요로 한다. 이 점에서 필자는 한일 양국의 정상회담이 시급하다는 전문가들의 인식에 그다지 동조하지 않는다. 오히려 한중일 3국, 한미일 3국에 의한 다자간 정상회담을 시급히 여는 것이 더욱 급선무가 아닌가 생각한다. 한일 외교관계의 회복은 양국 외교 장관의 회담으로도 가능하다고 본다.

_2_
강제동원피해자 조사 지원

1970년대 실시한 국내보상의 미흡함을 보완하기 위하여 한국정부
는 2004년에 국무총리 산하에 강제동원피해 진상규명위원회를 설치
했으며 나아가 2008년에는 지원위원회를 설치했다. 한일회담 자료
의 공개 움직임과 함께 2004년 3월 국회에서 「일제강점하 강제동원
피해 진상규명 등에 관한 특별법」을 제정했고 이에 기초하여 그 해
11월 「일제강점하강제동원피해진상규명위원회」를 발족시키기에 이
르렀다. 이어 2007년 12월에는 「태평양전쟁 전후 국외강제동원희생
자 지원법」을 제정했고 이에 따라 2008년 6월 「태평양전쟁전후국외
강제동원희생자지원위원회」를 발족시켰다. 나아가 2010년 3월에는
「강제동원 피해조사 및 지원에 관한 특별법」을 제정 공포하고 앞의
두 위원회를 하나로 통합하여 「대일항쟁기강제동원피해조사및국외
강제동원희생자등지원위원회」를 설치했다.

그러나 한국정부는 과거사 진상규명 작업과 위로금 지급 작업을 상
설적인 조직을 만들어 실시하지 않았다. 일본정부를 향해 끊임없이
과거사 문제를 제기하면서도, 국교정상화 과정에서 일본정부로부터
청구권 자금을 받았으면서도, 한국정부는 스스로의 역사문제 해결을
위한 기구를 상설화 하여 운영한 사례가 없다. 2000년대에 들어 만들
어진 위와 같은 위원회들도 한시적인 기구로 발족하여 5차례에 걸쳐
6개월에서 1년 6개월마다 시한을 연장하는 형태로 가까스로 명맥을

유지해 왔다. 제1차 2012년 12월 31일까지 1년 연장, 제2차 2013년 6월 30일 6개월 연장, 제3차 2013년 12월 31일까지 6개월 연장, 제4차 2015년 6월 30일까지 1년 6개월 연장, 제5차 2015년 12월 31일까지 6개월 연장한 것이다. 한국정부의 자생적인 전후처리 노력을 대내외에 알려 왔던 정부 주도의 위원회가 이처럼 가까스로 연명해 오다가 2015년 12월 업무를 마감하고 6개월간에 걸친 이관 및 정리 작업을 끝으로 2016년 6월 역사에서 완전히 사라지고 말았다.

정부의 위원회는 존속 기간 동안 다음과 같은 주요 업무를 담당했다. (1) 대일항쟁기 강제동원 피해 진상조사 및 피해판정 불능결정에 관한 사항, (2) 대일항쟁기 강제동원 피해와 관련된 국내외 자료의 수집·분석 및 유해의 조사와 발굴·수습·봉환에 관한 사항, (3) 피해자 및 유족의 심사·결정에 관한 사항, (4) 사료관 및 추도공간 조성에 관한 사항, (5) 이 법에서 정하고 있는 가족관계등록부의 작성에 관한 사항, (6) 국외강제동원 희생자 및 그 유족 또는 미수금피해자 및 그 유족에 해당되는지 여부에 관한 사항, (7) 국외강제동원 생환자에 해당되는지 여부에 관한 사항, (8) 국외강제동원 희생자의 부상으로 인한 장해의 판정에 관한 사항, (9) 위로금 등의 지급에 관한 사항, (10) 결과보고서 작성 등에 관한 사항, (11) 그밖에 대통령령으로 정하는 사항.

또한 위원회는 강제동원 역사의 진상조사 작업과 함께 한국정부 스스로의 전후처리 활동의 일환으로 일제강점하 국외강제동원 피해자와 유족으로부터 피해신고를 접수하고 이를 심사하여 위로금과 지원금을 지급했다. 사망자 혹은 행방불명 피해자에 대해서는 1인당 2,000만 원씩, 부상자 피해자의 경우 피해 등급을 5단계로 나누어

200만 원에서 2,000만 원씩 위로금을 지급했다. 또한 생존자 피해자의 경우 한 사람당 80만 원씩의 의료지원금을 지급했으며, 미수금 피해의 경우, 피해액 1엔당 2,000원씩의 배율로 지원금을 지급했다. 2016년 6월 최종 정리 단계에서 해당 위원회 관계자가 제공한 자료에 따르면, 4차례에 걸쳐 총 112,556건이 접수되어 처리 완료되었으며, 이 가운데 지급 결정된 것은 72,631건으로 지급 결정 비율이 64.5%에 달했다고 한다.

〈위로금 지급심사 결과(단위: 건)〉

구분	계	2008년	2009년	2010년	2011년	2012년	2013년	2014년	2015년
계	112,556	6,896	28,176	15,030	21,503	14,998	8,578	3,012	14,363
지급	72,631	6,892	25,819	11,835	9,241	7,425	4,842	1,518	5,059
기각	31,186	4	2,357	3,011	11,904	7,021	3,528	179	3,182
각하	8,739	0	0	184	358	552	208	1,315	6,122
※ 직권 정정, 재심의 신청에 의한 결정 건 등은 제외									

2008년부터 2010년까지는 주로 인용 가능한 자료가 있는 사건을 위주로 심사를 진행함으로써 위로금 지급 비율이 높게 나타났다. 하지만 2011년 이후부터는 피해 내용을 입증할 수 있는 자료를 제출하지 않은 신청 사건도 심사 대상으로 진행됨에 따라 주변 탐문 조사 등을 거쳐 심사를 진행했음에도 불구하고 피해 내용을 구체적으로 확인할 수 없는 경우가 많아 비교적 기각 비율이 높게 나타났다. 또한 2014년부터 2015년까지 다른 시기에 비해 각하 비율이 높이 나타났

는데, 그 원인은 2008년부터 2013년까지 이미 신청했다가 기각 판정을 받은 사람들이 다시 신청하는 사례가 늘어 개별 심사 요건에서 흠결 사항이 상당수 드러났기 때문이다.

〈위로금 지급결정 총괄 (단위: 건, 백만 원)〉

구분	계	위로금		지원금	
		사망 · 행불	부상장해	미수금	의료지원금
지급	72,631	17,880	13,993	16,228	24,530
기각	31,186	1,852	17,775	10,903	656
각하	8,739	950	1,509	6,198	82
결정금액	618,430	360,073	102,185	52,182	103,990

_3_
강제동원피해자 지원 과제

　한국정부는 근래에 들어 이제까지 피해보상 문제에 대해 일본정부에 떠맡기던 자세에서 진일보하여 보상금이 아닌 「지원금」의 형태로나마 이 문제에 대한 대응책을 마련하게 되었다. 소극적 혹은 반동적 움직임을 보이는 일본에게 더 이상 한국인 피해자 보상 문제를 맡기는 것은 청구권 자금을 받은 한국정부의 직무유기 행위라고 비판을 받아왔기 때문이다. 2007년 11월 국회 본회의는 「태평양전쟁 전후 국외 강제동원 희생자 등 지원에 관한 법률안」을 통과시켰다. 국회 홈페이지에는 이 법률안의 제안 이유로 "일제의 강제동원과 관련한 반인도적 불법행위에 대한 일본의 법적 책임을 충분히 규명하지 아니한 상태에서 한일 청구권 협정이 체결된 이후 1975년에 실시된 정부보상에서 일제강점하 국외 강제동원 희생자와 그 유족 등에 대한 국가의 지원이 충분하지 못하였음을 감안하여 국가가 인도적 차원에서 이들의 오랜 고통을 위로하고 국민화합을 도모하는 차원에서 위로금 등을 지급하려는 것"이라고 되어 있었다.[1]

　비록 강제동원 피해 생존자에 대한 위로금 지원을 둘러싸고 대통령이 거부권을 행사하는 우여곡절을 겪게 되었지만 한국정부가 뒤늦게

---

1) http://likms.assembly.go.kr/kms_data/record/data2/268. 의안번호 176979.

나마 1970년대 보상의 미흡함을 인식하고 피해자들을 위로하는 정책에 나선 것은 전후처리 문제에 있어서 중대한 진전을 의미하는 것이었다고 평가할 수 있다.[2] 결과적으로 국외로 강제동원 되어 사망하거나 행방불명된 희생자에 대해서는 위로금으로 1인당 2,000만 원을 지급하기로 했으며, 부상으로 장해를 입은 경우에는 1인당 2,000만 원 이하의 범위 안에서 장해 정도를 고려하여 차등 지급하기로 했다. 또한 1970년대에 보상 대상이 되지 않았던 미수금 피해자에 대해서도 당시 일본국 통화 1엔을 2,000원으로 환산하여 지급하기로 했으며, 생존자에 대해서도 의료지원금을 지급하기로 했다.

일본과 청구권협정을 체결하고 청구권 자금을 받아 경제개발을 추진한 한국정부는 이제라도 적극적으로 나서서 강제동원 피해자들을 계속 찾아내고 피해의 진상을 규명하고 그에 맞는 적절한 지원책을 모색해 나가야 한다. 그렇게 할 때 비로소 일본정부에 대해 떳떳하게 도의적인 역사 반성과 적극적인 전후처리 자세를 요구할 수 있다. 일본의 전후처리 문제와 관련하여 여전히 한일 양국의 외교관계가 역사인식 문제로 영향을 많이 받고 있는 가운데 앞으로 일본정부나 책임 있는 정치가들이 역사인식문제에 대한 신중한 행보를 지속할 것인지는 미지수이다. 근래에 들어 일본에서 전후에 출생한 정치가들이 정치적 리더로 대거 등장하면서 일본정부가 과거에 비해 상대적으로 역사인식 문제에 관한 행태에 있어서 대체로 과거 전쟁과 식민지 책임을 무겁게 받아들이고 있지 않는 것으로 보인다.

그러나 또 한편으로 전후처리 문제의 외교적 전망에 대해 반드시

---

2) 최영호, 『한일관계의 흐름 2006-2007』, 서울: 논형, 2008년, pp. 80-94.

전적으로 부정적인 방향으로만 전개되지는 않을 것으로 예측되기도 한다. 일본의 정치가에 따라서는 중국의 부상 등과 같은 국제사회의 변화에 합리적으로 대응하기 위해서, 또는 국가나 지역의 평화문제에 적극 대응하기 위해서, 과거사에 대한 반성에 대해 종래보다 더욱 진솔하게 접근하는 쪽을 선택할 가능성도 존재하기 때문이다. 이렇게 되면 한국이나 중국과의 외교관계에 있어서 전후처리 문제를 둘러싼 대화를 제도화해 갈 수 있는 여지도 있다.

그럼 전후처리 문제와 역사인식 문제가 여전히 외교적 현안이 되고 있는 상황에서 한일양국이 안고 있는 공통적 과제는 무엇일까. 원론적으로 말하자면 궁극적인 과제는 일본의 국민과 정치가들이 과거 식민지 지배에 관한 반성과 사죄의 마음을 갖는 것이며, 한국의 국민과 정치가들은 각 방면에서 일본에 대한 경쟁력을 길러 모든 구성원이 역사의 콤플렉스에서 자유로워지는 것이다. 관점에 따라 이 목표는 멀리 느껴질 수도 있고 가깝게 느껴질 수도 있다. 적어도 양국 간 우호와 협력을 원하는 관점에서 보면, 궁극적 목표를 위한 개별적인 과제가 분명해진다. 결국 각 분야에 걸쳐 교류와 대화를 확대하고 심화해 감으로써 상호 학습과 이해의 폭을 넓히는 일이 양국의 공통과제라고 할 수 있다.

한일관계의 이상적인 미래 목표에 이르기 위해서는 단기적으로 양국정부가 해야 할 과제가 있다. 무엇보다 양국 정부는 외교적인 배려에 힘을 기울여야 한다. 일본정부는 1995년 8월의 무라야마 담화 이후 매년 8월에 열리는 종전기념일 기념사에서 역대 정권은 한 목소리로 "식민지 지배와 침략의 역사적 사실을 받아들이고 통절한 반성으로 사죄"한다고 밝히고 있다. 이러한 논조에 걸맞게 일본의 정치가

위원회 존속을 요구하는 한인피해자 단체

들은 주변국을 자극하는 역사인식 관련 발언에서 신중해야 하며 이
러한 역사인식의 기조를 뒤엎는 정치가들의 경거망동에 대해서 일본
정부가 나서서 자정(自淨)하는 노력을 보여야 한다. 한편 한국정부
는 대일 역사인식 외교에 있어서 일관되게 단호한 자세를 보이는 것
이 중요하다. 그렇다고 해서 이 문제가 쟁점으로 떠올랐을 때 한국사
회가 감정적으로 대응하는 것은 바람직하지 않다. 외교적 언어로서
는 강렬하면서도 절제된 표현을 사용해야 하며 다각적인 접촉을 통
해 한국 측의 입장을 전달하고 일본 측의 진의를 파악하고 설득해 가
는 노력이 필요하다.

＊ 이 글은 최영호, 「일본 사회에서 제기되고 있는 전후처리문제」, 동북아역사
재단(편), 『세계의 전쟁 책임과 전후 보상』, 2009년, 서울: 동북아역사재단, pp.
4-42와, 웹진 『한일시평』, 2016년 6월 8일자에 기초하여 작성되었습니다.

_4_

강제동원피해 판결

　지난 2012년 5월 한국의 대법원이 종래의 입장을 바꾸어 한일청구권협정으로 개인청구권까지 소멸되었다고 보기는 어렵다는 판결을 내렸다. 이에 따라 2013년 7월부터 한국에서 제기되는 일제징용피해자에 대한 손해배상 청구 소송에서부터 한인 피해자들의 청구권을 인정하는 승소 판결이 연이어 나오고 있다. 『한일관계의 흐름 2013~2014』는 한국 정치사회의 변화 속에서 일어난 사건들로 포착하고 4개의 사례를 소개했다.[3] 그 이후 한국의 사법부는 일제 강제징용 일본기업에 대해 손해배상 책임을 물어야 한다고 판결하고 있는 것이다. 이처럼 오늘날까지 손해 배상 청구 소송이 이루어지고 있는 가운데 한국의 사법부 판결은 원고 피해자의 청구권을 인정하는 쪽으로 바뀌고 있지만 정작 일본기업은 배상에 착수하지 않을 뿐더러 오히려 상소 등을 통해 배상 판결에 이의를 제기하고 있다.

　2015년 11월에 서울지방법원 민사합의 42부(부장판사 마용주)는 곽 모씨 등 강제징용 피해자 7명이 일본 신일철 주금을 상대로 제기한 손해배상 청구 소송에서 "1인당 1억 원씩 총 7억 원을 지급하라"고 선고하여 언론에 회자되었다. 곽 씨 등은 신일철 주금의 전신인 일본제철에 강제동원되어 임금도 제대로 받지 못한 채 노동을 강요

---

3) 최영호, 『한일관계의 흐름 2013-2014』, 논형, 2015, pp. 71-81.

당했다. 재판부는 이들의 피해를 모두 인정하며 "원고들이 겪은 피해와 오랜 기간 배상이 이뤄진 점을 고려했다"고 위자료를 산정한 이유를 설명했다.[4] 또한 2016년 8월에도 서울중앙지법 민사합의 47부(재판장 최기상)는 홍 모씨 등 강제징용 피해자 55명이 일본 미쓰비시 중공업을 상대로 제기한 손해배상 청구 소송에서 "1인당 9천만 원을 지급하라"는 원고 일부 승소 판결을 내렸다. 일본제국은 물자가 부족해지고 태평양전쟁이 막바지에 치닫던 시기에 한인에게도 강제동원 정책을 실시했다. 홍 모씨 등은 1944년 8월부터 9월 사이에 징용되어 히로시마에 있는 미쓰비시 중공업 기계제작소 등에서 노무를 담당했다.[5]

일본 기업을 상대로 한 강제징용 피해자들의 소송은 1999년 일본에서 시작되었다. 당시 양금덕 할머니 등은 일본 나고야 지방재판소에 미쓰비시 중공업과 일본정부를 상대로 하여 소송을 제기했지만, 최고재판소까지 간 끝에 2008년 최종적으로 패소하고 말았다. 이에 따라 한인 피해자들은 한국 국내 법원에서 한국에 진출한 일본기업, 즉 미쓰비시 매터리얼, 후지코시, 신일철 주금 등을 상대로 하여 총 10건이 넘는 소송을 제기했다. 그러나 이러한 한국 사법부의 법리와는 달리 현실적으로 한인 강제연행 피해자들이 일본기업이나 일본정부로부터 보상을 받을 것으로 보기는 어렵다. 더욱이 한국정부나 한국의 피해자도 한국 사법부의 판결이 나왔다고 해서 일본정부나 일본기업이 실질적으로 보상에 나설 것으로 예상하는 사람은 거의 없

---

4) 국민일보, 2015년 11월 13일.

5) 이데일리, 2016년 8월 25일.

근로정신대 할머니와 함께 하는 시민모임

다. 결과적으로 한국 사법부 판결의 의미는 피해자들의 강제연행 피해 사실을 인정하는 것에 그치고 있다. 현실적으로 개인청구권에 의한 피해보상까지 생각한다면 한국의 사법부 판결은 한일 청구권협정으로 보상 문제가 끝났다고 보는 일본정부에 대해서 이의를 제기하고 있다는 의미를 갖는다. 나아가서 일본과 청구권 협정을 맺은 한국 정부 특히 행정부에 대한 문제제기이기도 하다.

2017년 5월에 당선된 문재인 대통령은 변호사 시절에 강제징용 관련 소송의 변호를 담당한 일이 있다. 법무법인 부산의 변호사로서 그는 법무법인 삼일, 해마루, 청률 등과 함께 2000년 미쓰비시 중공업을 상대로 하는 손해배상 소송에서 피해자 6명을 변호한 것이다. 문대통령은 당시 소장 제출, 준비 서면, 증거 자료 제출 등 재판에 직접 관여했고 2006년 11월 변호 업무에서 손을 뗐다. 이때 1심과 2심에서는 모두 원고들의 청구를 기각했으나 2012년 5월 대법원은 원심을 깨고 사건을 부산고법으로 돌려보냈다. 이에 따라 부산고법은 2013년 7월 원고들에게 각각 1억 원을 배상하라고 판결했다. 미쓰비시 중공업은 이에 불복하고 상고했으며 현재 이 사건은 대법원에 계류 중이다. 이후 근로정신대 피해 할머니 5명이 2012년 10월 광주지법에 손해배상 소송을 제기하는 등 2017년 5월 현재까지 일본기업을 상대로 14건의 손해배상 청구 소송이 진행 중이다. 2017년 5월 현재, 대법원에 계류 중이고, 6건은 항소심, 5건은 1심이 진행 중이다.[6]

---

6) 연합뉴스, 2017년 5월 24일.

_5_
사할린 한인 유골의 한국 봉환

　연합뉴스는 2015년 9월 10일 인터넷을 통해 광복 70년 만에 사할린 강제동원 피해자의 유골 13위가 이날 오후에 고국으로 돌아왔다는 보도를 내보냈다.[7] 이어 2016년 9월 23일에는 새고려신문이 11위의 유골 봉환 소식을 전했다.[8] 이렇게 하여 사할린으로부터 2013년 1위가 한국에 봉환된 이후, 2014년 18위, 2015년 13위, 2016년 11위, 총 43위가 봉환되었다. 2016년 9월 21일, 사할린 한인문화센터에서 열린 제4차 유골 봉환 추도식에서 행정자치부 과거사 업무 지원단 단장은 행정자치부 장관의 추도사를 대독하는 가운데, "우리는 소중한 청춘을 희생하고도 타국에서 억울하고 안타까운 죽음을 맞이해야 했던 강제동원 희생자들과 그 유족들의 눈물을 잊지 말아야 할 것입니다. 정부는 앞으로도 역사적 소명의식을 가지고, 유족들의 아픔을 조금이나마 덜어드릴 수 있도록 해외에 흩어져 있는 희생자들의 유해를 한 분도 빠짐없이 봉환하기 위하여 최선의 노력을 다할 것입니다"라고 말했다.

　또한 이 자리에서 유족 대표 백남길 씨는 추모사를 통해 다음과 같이 말했다. "겨울이면 바다마저 꽁꽁 얼어붙을 만큼 춥다는 사할린으

---

7) 연합뉴스, 2015년 9월 10일.

8) 새고려신문, 2016년 9월.

로 끌려가 모진 삶을 살면서도 아버님은 가족이 있는 고국을 그리며 세 번씩이나 탈출을 감행하셨다지요. 하늘도 무심하게 번번이 탈출은 실패로 돌아가고, 그때마다 어김없이 이어지는 가혹한 매질과 모진 고문, 차디찬 영창에도 여러 번 갇히셨다는 얘기를 들었을 때 제 가슴은 온통 찢어지는 것처럼 아프고 또 아팠습니다. 해방이 되자 드디어 고향으로 돌아갈 수 있게 되었다는 생각에 서둘러 시간을 정리하고, 잘 가라! 잘 있어라! 이웃들과 진한 송별회까지 마친 후 나호드카에서 배 탈 날만을 손꼽아 기다리다가 그만 출국 허가기간이 끝나는 바람에 사할린으로 다시 돌아갈 수밖에 없었다고 들었습니다. 그 원통하고 기막힌 세월을 어떻게 견디셨는지요. 잠시 후면 아버님께서 간절히 그리워하시던 한국으로 갑니다. 그곳에서는 평생의 한도, 원통함도 모두 내려놓으시고 편히 쉬십시오!"

2015년까지는 사할린 강제동원 피해자 묘지 조사와 유골 봉환사업을 한국의 국무총리 소속 대일항쟁기 강제동원 피해조사 및 국외 강제동원 희생자지원위원회가 진행해 왔다. 하지만 2016년 위원회 업무가 종료되어 오늘날에는 이 사업을 행정자치부가 이어나가고 있다. 사할린 강제동원 희생자 유족의 대다수는 영주 귀국한 사할린 동포들이다. 이들은 사할린에서 추모식을 마치고 곧 바로 유골을 한국으로 봉환했다. 추모식 다음날 한국에 도착한 유골은 천안에 있는「국립 망향의 동산」납골당에 안치되고 있다. 2015년 9월의 유골 봉환식에 참여한 조순옥 할머니는 4살 때 생전의 부친 조근형씨와 헤어졌다가 72년이 지나서 유골로 재회하게 되었다고 했다. "가물가물하지만 여전히 아버지의 얼굴이 기억난다. 사할린에서 아버지의 유해를 어렵게 찾아 고국에 돌아오니 너무나도 가슴이 아프다"고 울먹였다.

2016년 사할린의 추도식

또한 현지 발굴 작업에는 참여하지 못했지만 할아버지 김갑록 씨의 유골 봉환식에 참석한 손자 김희주 씨는 "연락이 전혀 안 되다가 돌아가셨다는 소식만 듣고 이제까지 제사만 지냈다, 몸이 불편해 이 자리에 참석하지 못한 아버지는 평생의 기다림이 풀렸다며 눈물을 흘리셨다"고 말했다.

유골로 돌아온 강제동원 피해자들은 1930년대 후반 사할린으로 건너가 탄광·토목공사 현장 등에서 강제노동을 하며 고된 생활을 이어갔다. 이들은 해방 이후 1990년 한국과 러시아가 수교하기 전까지는 귀국할 방도가 없어 사할린에서 눈을 감을 수밖에 없었다. 한국정부는 수교 이후 외교부와 대한적십자사를 통해 사할린 한인들의 영주귀국 사업을 추진하는 한편, 2005년부터 사할린 한인 강제동원 피해조사 및 묘지조사 사업을 실시해 왔다. 또한 2013년 5월에는 러시아 정부와 인도주의적 협력 차원에서 한인묘지의 발굴과 봉환에 관한 외교적 합의 각서를 체결했다. 이에 따라 현재까지 사할린에서 약 1만 5천 개 정도의 한인묘지를 확인했으며 유골의 고국 봉환 사업을 추진하고 있는 것이다.

_6_

한일관계 구조의 변화

과거 침략전쟁의 역사에 대해 한국정부는 주로 한인 피해를 클로즈
업 하는 가운데 일관적으로 일본에게 반성과 사죄를 요구하고 있다.
이에 따라 지나치게 국민감정에 휩싸이기 쉽고 인류 보편의 전쟁 책
임을 규명하거나 한국 스스로 과거사를 치유하고자 하는 노력은 부족
하다는 비판을 받고 있다. 반면에 일본정부는 정권에 따라 다소 과거
사를 마주하는 입장이 다르지만 일반적으로 과거사에 대한 자국의 책
임을 부정하는 정치가들의 주장을 봉쇄하고 있지 못하다. 대체로 일
본에서는 자국이 침략전쟁을 촉발시킨 문제에 대하여 가능한 덮고 가
려는 움직임이 강하다. 이와 같이 과거사 문제에 대한 상반된 입장은
상대방 국민의 감정을 악화시키고 있는 가운데, 양국 정부가 권력적
인 속성으로 인하여 자국민의 감정을 쉽게 완화시키지 못하고 있다.
오늘날 한국과 일본은 대외적인 문제에 대해 공동으로 대응해야 하
고 상호의존의 심화에 따라 중간자의 이익을 최대한 보호해야 한다.
그러나 과거사 문제에 대한 국민들의 관심이 지대하여 정치적 타협
과 외교적 교섭을 불가능하게 할 만큼 자국의 정치가와 외교관을 곤
혹스럽게 하고 있다. 그렇다고 하여 한국과 일본 양국 가운데 어느
한쪽이라도 정부가 나서서 과거사 문제를 잠재울 만큼 경제적 성장
을 이끌어내기도 어렵다. 최근 과거사를 둘러싼 한일관계의 악화 현
상을 구조적 변화에서 그 원인을 찾으려는 연구자도 있다. 예를 들

어 고하리 스스무(小針進) 시즈오카현립대학 교수는 오늘날 한일관계의 구조 변화 현상으로, 「각계의 연결 파이프가 약화되고 있다」, 「중국의 부상에 대해 서로 다른 입장을 보이고 있다」, 「한국에게 일본은 더 이상 압도적 중요성을 띄고 있지 않다」, 「일본에서 배외의식이 심화되고 있다」, 「한국 사법부의 판결이 외교에 영향을 끼치고 있다」, 「글로벌화 확산으로 상대방에 대한 관심이 저하되고 있다」 등을 지적하고 있다.[9]

이러한 구조적 변화를 오늘날 한일관계 악화의 요인으로 간주하는 것은 오늘날의 현상을 시대적 관점에서 이해한다는 측면에서 자신이 갖고 있는 통증에 대해 과도한 집착을 버려야 한다는 의미를 갖는다. 이와 함께 나는 장기적으로 변화하기 힘든 양국의 문화적 요인을 들고 싶다. 최근 양국의 여론이 악화되었다는 주장 이면에는 오래 전부터 이어져 내려오는 불신감이 잠재해 있다가 그 불신감이 구조적 변화에 따라 증상으로 나타난 것이라는 견해를 제시하고 싶다. 결과적으로 어느 시기에나 있었던 불신감을 인식하지 않은 가운데 오늘날의 증상만을 가지고 한일관계 악화를 논하는 것은 부당하다고 보는 것이다. 이러한 관점에 대해서는 2015년 8월에 천안 독립기념관의 제35기 교원직무연수에서 밝힌 바 있다. 다음은 그때의 발표문을 수정 보완하여 소개하고자 한다.[10]

한국의 사법부가 과거 일본 기업에 강제동원된 한국인 피해자에 대

---

9) 대한민국역사박물관(편), 『한일관계 50년: 비교사적 이해』, 서울: 대한민국역사박물관, 2016년, pp. 260-262.

10) 독립기념관, 『한국 근현대사 이해 심화과정: 광복70년과 한일관계』, 천안: 독립기념관, 2015년, pp. 79-94.

축구선수 宇留野純 OFFICIAL BLOG에서

해 개인청구권을 인정하는 판결을 계속 내놓고 있는 가운데 일본정부
나 일본기업은 이미 한일 청구권 협정으로 개인청구권 문제는 끝났다
는 입장을 견지하고 있다. 이 외에도 독도 영유권 문제나 일본군위안
부 등 역사인식 문제에서 양국 정부는 타협의 접점을 찾지 못하고 자
국의 입장만을 주장해 왔다. 여기에 근래에 들어 일본사회에서 빈번
하게 열리고 있는 혐한(嫌韓) 시위와 헤이트 스피치, 국내외 한국인
사회에서 유행처럼 번지고 있는 「일본군위안부」 소녀상 건립 움직임
은 양국 국민에게 감정적으로 수용하기 어려운 움직임이 되어 있으며
상대방 국민에 대한 인식을 더욱 악화시키고 있는 것이다.

참고문헌

강상규, 『근현대 한일관계와 국제사회: 워크북』, 한국방송통신대학교출판부, 2013년.

국무총리실 소속 일제강점하강제동원피해진상규명위원회, 『지독한 이별: 사할린 이중징용 진상조사 구술기록』, 국무총리실 소속 일제강점하강제동원피해진상규명위원회, 2007년.

국민대 일본학연구소, 『박정희 시대 한일관계의 재조명』, 선인, 2011년.

김명환, 『사할린 강제동원 조선인들의 실태 및 귀환』, 대일항쟁기강제동원피해조사및국외강제동원희생자등지원위원회, 2011년.

삼성경제연구소, 『한일관계 3.0: 克日을 넘어 共進化로』, 삼성경제연구소, 2010년.

유영렬, 『한일관계의 새로운 이해』, 경인문화사, 2006년.

유의상, 『대일외교의 명분과 실리: 대일청구권 교섭과정의 복원』, 역사공간, 2016년.

이원덕 외, 『한일공문서를 통해 본 독도』, 동북아역사재단, 2013년.

일제강점하강제동원피해진상규명위원회, 『일제강점하강제동원피해진상규명위원회(웹사이트보존자료)』, 일제강점하강제동원피해진상규명위원회, 2004년.

지명관, 『한일관계사 연구: 강점에서 공존까지』, 소화, 2004년.

金鎔基, 『サハリン朝鮮人の戦後史: 成點模氏の証言を中心に』, 小樽商科大学, 2016年-.

金竜瑞, 『日韓関係の再構築とアジア』, 九州大学出版会, 1995年.

辺真一, 『在日の涙: 間違いだらけの日韓関係』, 飛鳥新社, 2017年.

崔吉城, 『樺太朝鮮人の悲劇: サハリン朝鮮人の現在』, 第一書房 2007年.

池内敏, 『竹島: もうひとつの日韓関係史』, 中央公論新社, 2016年.

太田洪量, 『恨を解く: 古代史から紐解く日韓関係』, 賢仁舎, 2015年.

木宮正史·李元徳, 『日韓関係史1965-2015』, 東京大学出版会, 2015年.

澤田克己, 『韓国新大統領文在寅とは何者か: 変わる日韓関係を読む』, 祥伝

社, 2017年.

寿岳章子, 『無答責と答責: 戦後五〇年の日韓関係』, 御茶の水書房, 1995年.

世界平和研究所, 『新たなる日韓関係、これからの50年に想いを馳せる: 日
　　　韓共同提言: IIPS-SFIA共同研究プロジェクト』, 世界平和研究所,
　　　2015年.

長田彰文, 『世界史の中の近代日韓関係』, 慶應義塾大学出版会, 2013年.

吉澤文寿, 『戦後日韓関係: 国交正常化交渉をめぐって』, クレイン, 2015年.

찾아보기

한일관계의 흐름 2004-2005

한일관계의 흐름 2006-2007

한일관계의 흐름 2008-2009

Ⅰ. 한일관계 역사의 기억

1. 해방 전 미군의 한반도 공습
2. 해방 직후 한반도 거주 일본인의 귀환
3. 한일 수교회담 자료에 나타난 독도 교섭
4. 독도 영유권 문제에 관한 한일 간 공방
5. 한일기본조약과 청구권협정
6. 소록도 한센인의 수난과 보상
7. 부산에 건립될 강제동원피해 역사기념관
8. 후세 다쓰지 변호사에 관한 영화
9. 2009년 고베 한일합동연구회

Ⅱ. 한국의 정치사회 변화와 한일관계

1. 이명박 대통령 당선인의 대일관계 발언
2. 신임 주일 대사의 대일관계 과제
3. 한국 정부의 강제동원 피해자 지원
4. 한국 정부의 강제동원 희생자 유골 봉환
5. 한국의 재외국민 선거권 문제
6. 한국의 재외국민 선거법 개정
7. 노무현 전 대통령의 죽음과 한일관계
8. 김대중 전 대통령의 죽음과 한일관계
9. 현행 한국 초등학교 교과서에 나타난 일본

Ⅲ. 일본의 정치사회 변화와 한일관계

1. 일본의 2009년 중의원 선거 결과
2. 야스쿠니신사, 무엇이 문제인가
3. 야스쿠니신사의 A급 전범 분사 문제
4. 야스쿠니신사에 대한 정치가 참배 문제
5. 야스쿠니신사를 대체할 추도시설 문제
6. 일본의 자유주의 사관 교과서 문제
7. 전후처리 관련 일본 사법부의 입장
8. 일본 국민의 한국에 대한 친밀감
9. 교토 조선학교에 대한 일부 일본인의 만행

한일관계의 흐름 2010

한일관계의 흐름 2011-2012

한일관계의 흐름 2013-2014